Patty Howell & Ralph Jones

Der kleine Beziehungstherapeut

Zu zweit lieben lernen

Aus dem Amerikanischen
von Christa Broermann

Klett-Cotta

Klett-Cotta

Die Originalausgabe erschien unter dem Titel »World Class Marriage: How to Create the Relationship You Have Always Wanted with the Partner You Already Have« in Encinitas, California,

Printed in Germany
Schutzumschlag: Finken & Bumiller, Stuttgart
Gesetzt in der 9 Punkt Meta von Offizin Wissenbach, Höchberg bei Würzburg
Auf säure- und holzfreiem Werkdruckpapier gedruckt und gebunden von Kösel, Kempten
ISBN 3-608-91312-2

Bibliographische Information Der Deutschen Bibliothek
Die Deutsche Bibliothek verzeichnet diese Publikation in der Deutschen Nationalbibliographie; detaillierte bibliographische Daten sind im Internet über ‹http://dnb.ddb.de› abrufbar.

Inhalt

Vorwort zur deutschen Ausgabe

Mit Patty Howell und Ralph Jones verbindet mich eine fast 25jährige Freundschaft durch die Zusammenarbeit bei Gordon Training International Inc., in der Ralph über 20 Jahre bis 1997 als Vizepräsident und engster Mitarbeiter von Dr. Thomas Gordon tätig war. In den USA konnte ich miterleben, wie sein Projekt World Class Marriage Gestalt annahm. Zunächst war es das vorliegende Buch, dann das Workshop-Konzept, an dessen Entwicklung er mich beratend teilhaben ließ. Ich war deshalb angetan von den Ideen und Gedanken seines Konzepts, weil sie in engster Beziehung zu den personzentrierten Ansätzen von Thomas Gordon und Carl Rogers stehen, die ich als ihr Mitarbeiter und Repräsentant von Gordon-Trainings in Deutschland, Österreich und der Schweiz seit über zwei Jahrzehnten zu vermitteln suche.

Autoren und Verlag ist es mit diesem Buch gelungen, leicht verständlich, fundiert und praxisnah einen Leitfaden zur Gestaltung dauerhafter harmonischer Zweierbeziehungen vorzulegen. Ich hoffe, dass er zahlreichen Lesern Hilfe und Orientierung bieten wird, die komplexen Anforderungen, vor die Partnerschaften in der heutigen Zeit gestellt sind, in Vertrauen und Achtung füreinander zu bewältigen.

Bonn, im Juni 2004

Dr. Karlpeter Breuer
Gordon Training Deutschland Österreich Schweiz

Was ist eigentlich eine gelungene Partnerschaft?

Als *gelungene Partnerschaft* bezeichnen wir eine dynamische und einzigartige Beziehung voller Liebe, Anteilnahme und Vertrauen. Sie hat ihre Wurzel in dem Wissen, dass beide Partner den festen Willen mitbringen, sich in dieser Beziehung für eine Art des Lebens und Liebens zu engagieren, die das Wachstum, das Glück und die Zufriedenheit beider Partner fördert.

Kein Ziel teilen die Menschen so universell wie den Wunsch nach einer *glücklichen Partnerschaft* – einer befriedigenden, intimen Beziehung mit einem geliebten Gegenüber. Da nicht alle ihre Verbindung durch eine formelle Eheschließung besiegeln, bezeichnen wir dieses Verlangen nach umfassender Befriedigung in der Beziehung als Sehnsucht nach einer *gelingenden, einmaligen Partnerschaft*, ob in einer Ehe oder in einer Partnerschaft, in der Paare zusammen oder für sich leben.

Grundbedingung für die Erfüllung dieser Sehnsucht ist, dass beide Partner die Beziehung als wichtig ansehen, sie behalten und so befriedigend wie möglich gestalten wollen. Von dieser Voraussetzung ausgehend befassen wir uns in diesem Buch mit der grundlegenden Dynamik von Beziehungen und den kommunikativen Fähigkeiten, die erforderlich sind, um das ersehnte Ziel zu erreichen.

Um in den Genuss einer geglückten Beziehung zu

kommen, brauchen beide Partner ein tieferes Wissen um die Dynamik von Beziehungen, als wir es normalerweise aus der Kinderstube mitbringen. Oft dauert es beschämend lange Jahre, bis wir endlich begriffen haben, wie wir die komplexen Anforderungen des täglichen Zusammenlebens am besten meistern können. Und Informationen über die Bedeutung von Kommunikation für Beziehungen sind meist schwer zugänglich in der wissenschaftlichen Literatur verstreut, die im Allgemeinen nur Menschen in helfenden Berufen wie beratend tätige Psychologen, Ehe- und Familientherapeuten lesen.

Daher haben wir *Der kleine Beziehungstherapeut. Zu zweit lieben lernen* geschrieben; unsere Erkenntnisse, die wir Ihnen hier vorlegen, haben wir aus unserer eigenen über 25-jährigen Ehe, aus unseren mehr als 30 Jahren Unterricht in Kommunikationsfähigkeit in aller Herren Länder und aus der einschlägigen Fachliteratur herausgefiltert. Wir wollen Ihnen helfen, eine tiefe, wachstumsfähige Beziehung zu entwickeln, in der beiden Partnern das Wohl des anderen am Herzen liegt. Ob Sie noch in den Flitterwochen sind oder bereits in einer reifen Beziehung stehen – die hier vorgestellten Ideen sind die wirksamsten uns bekannten Wegbereiter zu einer geglückten Beziehung.

Patty Howell und Ralph Jones
Encinitas, Kalifornien

Was ist das Wesentliche an einer Ehe?

Die Liebe mag blind sein,
aber die Ehe öffnet einem gründlich die Augen.

Anonymus

Einen Partner zu finden, mit dem man sein Leben teilen kann, gehört zu den großen Zielen des Lebens. Die Jugend und das frühe Erwachsenenalter sind Zeiten, in denen wir lernen, wie wir das richtige Gegenüber auswählen, anlocken und »angeln« können. Jemandem zu begegnen, den wir attraktiv finden und der uns ebenfalls attraktiv findet, ist eine äußerst intensive, aufregende Erfahrung, die uns ein tiefes Gefühl menschlicher Bestätigung gibt. Wir schwelgen im Glück und sind uns selbst genug. Unser wunderbares Gegenüber und wir haben gemeinsame Interessen, wir mögen uns, lieben uns, möchten unser Leben gemeinsam verbringen ... Herz, was begehrst du mehr?

Nur ganz wenige Herzen begehren mehr. Aber das Leben stellt uns vor außerordentlich komplexe Aufgaben und Herausforderungen, und die Ehe ist die Beziehung, durch die wir die ganze Bandbreite der Freuden und Leiden des Lebens am tiefsten erfahren. Daher hat die Partnerschaft einen tiefen Einfluss darauf, wer wir sind, wie wir uns auf die Welt beziehen, welche Möglichkeiten uns offen stehen und welche Wege wir einschlagen – sie prägt den innersten Kern und Gehalt unseres Lebens.

Einen Partner finden und sich verlieben hat etwas mit Romantik, Anziehungskraft, Hormonen, Erregung, Phantasie, Träumen, Illusionen und Hoffnung zu tun. Ist der Partner dann gefunden und betrachten wir die Beziehung zu ihm als bindend, richten wir uns behaglich zu zweit ein. Und dann tritt plötzlich der Ernst des Lebens auf den Plan. Unsere Berufe fordern uns mehr, Kinder stellen uns vor vielfältige Aufgaben, vielleicht haben wir mit gesundheitlichen oder finanziellen Schwierigkeiten zu kämpfen – es gibt jede Menge komplexe Probleme, die teils aus der Beziehung selbst erwachsen und teils von außen kommen. Manche sind von enormer Tragweite. Und dann soll die Partnerschaft, die einst auf Erregung und Anziehungskraft, Hoffnung und Glück, Optimismus und Leichtigkeit beruhte, den emotionalen Boden bieten, der beide Partner befähigt, aus Jahrzehnten voller Herausforderungen und Wechselfälle des Schicksals ein erfolgreiches und befriedigendes Leben zu machen.

Von einer Partnerschaft wird in unseren Tagen viel verlangt. Heutige Paare begnügen sich nicht mehr mit einer Beziehungsform, in der Mann und Frau in unterschiedlichen emotionalen Welten zu Hause sind und ohne viel Verständnis, Einvernehmen und Nähe nebeneinander her leben. Wir wollen mehr. Aus nicht ganz zu klärenden Gründen – vielleicht wegen der Komplexität unserer Welt – erwarten wir inzwischen mehr von unserer Ehe als die Menschen ein oder zwei Generationen vor uns. Wir wollen eine rundum beglückende Beziehung, geprägt von Liebe, Zuwendung, Intimität, Einfühlung, Akzeptanz und Echtheit, in der beide Partner ihre besten Anlagen so weit wie möglich entfalten und entwickeln können.

Bedeutet das mächtige Mitwirken der Hormone bei der Partnerwahl in jungen Jahren, dass wir in der Ehe wahrscheinlich eine Enttäuschung erleben? Nicht unbedingt, aber nach 5, 10 oder 15 gemeinsamen Jahren sind sich wohl die meisten Menschen rückblickend darüber einig, ihre Ehe mit einer gewaltigen Portion Naivität begonnen zu haben.

Die Flitterwochen

In jeder Beziehung dauern die Flitterwochen etwa 6–18 Monate. Diese Flitterwochen haben nichts mit Heirat zu tun; sie haben etwas mit dem Überschwang und den Freuden einer neuen Liebesbeziehung zu tun. Und sie haben Einfluss darauf, wie leicht oder schwer es uns fällt, bestimmte Verhaltensweisen des anderen zu übersehen. Sie merken, dass die Flitterwochen vorbei sind, wenn Sie erkennen, dass Ihr Gegenüber nicht vollkommen ist und einige störende Eigenheiten besitzt, die Sie gar nicht mögen. Zu diesem Zeitpunkt entdecken Sie, dass Ihr Liebster oder Ihre Liebste trotz vieler wunderbarer Eigenschaften auch die Gabe hat, Sie mit manchen Dingen auf die Palme zu bringen. *Hier beginnt die eigentliche Arbeit am Aufbau einer Beziehung.*

Betrüblicherweise wissen viele nicht, wie man zu einer geglückten Beziehung mit einem unvollkommenen Menschen gelangt. Und die Wahrheit ist: Jede und jeder, der in einer Beziehung leben will, muss mit einem unvollkommenen Menschen zurechtkommen.

In diesem Buch gehen wir von der Prämisse aus, dass alle Menschen Fehler haben und dass es in allen Beziehungen Konflikte gibt. Wie befriedigend eine Partnerschaft ist, hängt davon ab, wie gut die Beteiligten ihre Bedürfnisse ausdrücken, wie aufmerksam sie auf die Bedürfnisse ihres Partners hören und wie gut sie Konflikte lösen und die komplexen Anforderungen des Lebens gemeinsam meistern. Wenn sie mit diesen Aufgaben nicht geschickt und in einer Weise umgehen, die die Erfahrung der Gemeinsamkeit stärkt, entstehen als absehbare Folgen Frustration und Groll, die schließlich zum Ende der Beziehung führen können. Werden die Bedürfnisse beider Partner in der Beziehung erfüllt, können sich beide menschlich weiterentwickeln und werden Konflikte und Streitigkeiten stets so gelöst, dass beide mit dem Ergebnis zufrieden sind, vertieft sich die Beziehung wesentlich. Durch einen solchen Prozess erleben wir Befriedigung, Nähe, das Wachstum der Beziehung und eine tiefe, echte Liebe zu unserem Partner – wir erleben eine *gelungene Partnerschaft* und leben in ihr.

Die Ehe definiert, wer wir sind

Wir, Patty und Ralph, haben vielen tausend Menschen in Seminaren auf der ganzen Welt beigebracht, wie man erfolgreich kommuniziert – das heißt, wir haben ihnen geholfen, das Verhältnis zu ihren Kindern, Kollegen, Freunden und zueinander zu verbessern. Aber erst als wir anfingen, mit Paaren zu arbeiten, erkannten wir klar die entscheidende Bedeutung der Ehe für die Frage, wie Menschen sich selbst definieren und ob sie ihr Leben als befriedigend empfinden oder nicht. Menschen mit Problemen bei der Arbeit oder mit ihren Kindern machen sich natürlich Sorgen, erleben Angst, Schmerz und andere unangenehme Gefühle. Dennoch dringen diese Beziehungen, wie wichtig und beunruhigend sie auch sein mögen, nicht ganz bis in unseren innersten Kern ein. *Nichts wirkt sich mit solcher Intensität und Lebendigkeit auf die Frage aus, wer wir sind und wie glücklich wir sind, wie unsere Primärbeziehung – unsere Liebesbeziehung, ob amtlich besiegelt oder nicht.*

Sogar die Bindung an unsere Eltern tritt bei der Definition, wer wir sind, mit der Zeit hinter unsere Partnerschaft zurück. Bis wir ungefähr 20 sind, spielen die Eltern eine überragende Rolle für uns. Danach sind wir »allein«, unsere persönliche Entwicklung geht weiter und wir betrachten unsere Kindheit immer mehr als »damals« und nicht das, was uns gegenwärtig definiert. Obwohl wir uns stark nach dem Vorbild unserer Eltern richten und viele Neigungen und Haltungen von ihnen erben, sehen wir uns im Allgemeinen als von unseren Eltern verschieden an. Die Wirkung der ehelichen Beziehung auf unsere Identität ist so stark, dass nach vielen Jahren das Gefühl einer verschmolzenen Identität, eines gemeinsamen Schicksals entsteht. Das geht so weit, dass gar nicht wenige Menschen trotz eines außerordentlich unterschiedlichen Charakters das Gefühl haben, mit ihrem Partner eins zu sein. *Ein tiefes »Wir-Gefühl« kann völlig unabhängig davon bestehen, ob Sie miteinander wirklich glücklich sind oder nicht.*

Wer in seiner Beziehung unglücklich ist, empfindet dieses Gefühl des Einsseins mitunter als Falle. Es kann Ihnen vorkommen, als hätte Ihnen Mutter Natur einen bösen Streich gespielt, als sie Sie zusammenführte. Nach den Flitterwochen hat sich der Traummann oder die schöne Märchenprinzessin als ganz normaler Mensch entpuppt, der Vorzüge und Nachteile hat, attraktive Eigenschaften, die gut zu Ihrer Persönlichkeit passen, und problematische, die Ihnen schwer zu schaffen machen. Manchmal droht die Beziehung an den schwierigen Eigenschaften Ihres Partners zu scheitern und manchmal an Ihren eigenen Schwächen.

Beziehung und Wachstum

Die Natur hat Ihnen keinen Streich gespielt. Die Schubkraft der Hormone dient dazu, uns den Weg zu ebnen, denn sie trägt dazu bei, unsere Angst zu überwinden, die wir meist vor einer ernsthaften, verbindlichen Beziehung haben. Wenn die Anziehungskraft stark genug ist (und der uns noch verbliebene Rest von Verstand den Bund billigt), helfen uns die Hormone, eine beängstigende und wichtige Lebensentscheidung zu treffen – Teil eines Paares zu werden.

Also heiraten wir oder gehen eine andere Form von verbindlicher Beziehung mit unserem neuen Partner ein und erleben die Freuden der Flitterwochen. Wenn der blendende Glanz dieser Phase erlischt, haben wir die Chance, uns an den Aufbau eines dauerhaften und noch lohnenderen gemeinsamen Lebens zu machen. Die einzelnen Schritte werden uns auf die Probe stellen, anstrengen, frustrieren, wachsen lassen und uns zutiefst prägen. Die Beziehung wird unser ewiges Spielbrett sein, auf dem wir uns dem Spiel des Lebens mit all seinen Herausforderungen stellen müssen. Das Ziel, das wir dabei anstreben, ist Wachstum – für den Einzelnen und die Beziehung.

Dieses Spiel aller Spiele wird Ihnen Überraschungen bringen, die Sie sich nicht einmal im Traum vorstellen können, wenn Sie die Beziehung eingehen. Im Laufe der Zeit werden Sie Erfolge und Misserfolge, Gesundheit und Krankheit, Gewinne und Verluste teilen, manche von überwältigender Größe. *Für all jene, die eine größere Könnerschaft in diesem Spiel erwerben und während der Partie mehr Freude erleben wollen, ist* Der kleine Beziehungstherapeut – Zu zweit lieben lernen *als verlässliche »Spielanleitung« gedacht.*

Zu zweit lieben lernen

Unser Hauptwunsch für die Beziehung nach den Flitterwochen ist meist ein Partner, der wirklich für uns da ist und uns auf unserem Lebensweg zuverlässig begleitet. *Aber in Wahrheit ist zu Beginn einer Beziehung niemand ein großartiger Partner. Wir alle haben viel zu lernen.* Wie es auch sonst im Leben um das Lernen geht, geht es in der Partnerschaft um das gemeinsame Lernen, wie Sie komplexe Herausforderungen erfolgreich so meistern, dass Sie dabei als Persönlichkeiten jeder für sich und als Paar gemeinsam gewinnen.

Seien wir dankbar für die Hormone, die uns den Mut einflößen, ein gemeinsames Leben zu beginnen, und die uns auch weiterhin eine Menge Lust und Glück bringen. Erkennen wir aber auch das tiefere Wesen der ehelichen Beziehung und ihre weitreichende Wirkung auf alle Aspekte unseres Lebens an. Gemeinsam zu lernen, wie wir zu einer geglückten Beziehung kommen, ist für uns alle die größte Herausforderung unseres Lebens. Und danken wir dem mutigen Menschen, der sich darauf eingelassen hat, unser Partner zu sein und mit uns zusammen zu lernen, wie wir ein dynamisches und befriedigendes gemeinsames Leben schaffen können.

Die Struktur einer gelungenen Partnerschaft

Das Leben ist reich, ändert sich ständig, fordert immer heraus und ... Architekten haben die Aufgabe ... menschliche Wunschträume in bewohnbaren und sinnvollen Raum umzuwandeln.

Arthur Erickson

Was klappt und was nicht

Die meisten Menschen wissen im Grunde nicht, was nötig ist, damit eine Ehe klappt, obwohl uns Zeitschriften, Lebenshilfebücher und Talk-Show-Teilnehmer geradezu mit Ratschlägen überschwemmen. Diese Ratschläge sind oft widersprüchlich und beruhen einzig auf gut gemeinten persönlichen Ansichten oder Vorurteilen. Ohne rechte Klarheit über diesen wichtigen Aspekt ihres Privatlebens zu besitzen, bemühen sich die meisten Paare um das Gelingen ihrer Beziehung, können aber nicht wirklich darauf vertrauen, bereits zu wissen, wie sie das bewerkstelligen sollen. Folglich strengen sie sich einfach redlich an und hoffen das Beste.

Diane Sollee[1] hilft Menschen über das Gefühl hinweg, eine glückliche Ehe verdanke sich dem Zufall, indem sie ihnen die entscheidende Erkenntnis vermittelt, dass die Ehe eine Beziehung ist, die *auf Fähigkeiten beruht*. Aber aus dem größten Teil der menschlichen

Zivilisation besitzen wir nur sehr wenige gesicherte Daten darüber, was den glücklichen Verlauf einer Ehe beeinflusst und welche Fähigkeiten dafür notwendig sind.

John Gottman und seine Kollegen an der *University of Washington* haben über 20 Jahre lang Pionierarbeit geleistet und Hunderte von Paaren untersucht, die in einem eigens für diese Forschung eingerichteten Apartment interagierten, wo ihre Kommunikation beobachtet und aufgezeichnet wurde. Die dabei gewonnenen Daten[2] haben wichtige Aufschlüsse über die Verhaltensweisen geliefert, die zum Scheitern einer Ehe führen. Wir halten diese Daten für so wertvoll, dass sie unserer Meinung nach besser bekannt sein sollten.

Überraschenderweise konnten Gottman und seine Mitarbeiter sieben Verhaltensweisen identifizieren, die ihnen erlaubten, eine zukünftige Scheidung mit einer Trefferquote von über 90 Prozent vorherzusagen, nachdem sie ein Paar lediglich fünf Minuten bei der Diskussion einer strittigen Frage beobachtet hatten.

Diese sieben Verhaltensweisen, die eine Scheidung erwarten lassen, sind:

1) *Ein »grober Auftakt« bei einer Auseinandersetzung – sofort negativ und anklagend werden, wenn Sie eine Diskussion mit Ihrem Partner beginnen.*
2) *Kritik – negative Dinge über den Charakter oder die Persönlichkeit des Partners sagen.*
3) *Verachtung – Spott und Hohn, Sarkasmus, Zynismus, Schimpfwörter gebrauchen, feindseligen Humor und Abscheu an den Tag legen.*
4) *Abwehr – das eigene Verhalten rechtfertigen und stattdessen den Partner angreifen.*

5) Mauern – sich zurückziehen, sich abwenden, sich weigern, zu sprechen und zu reagieren oder dazu unfähig werden.

6) Überflutung – eine physiologische Reaktion auf die Negativität des Partners, charakterisiert durch beschleunigten Herzschlag, erhöhte Adrenalinausschüttung, Ansteigen des Blutdrucks und das Gefühl, überwältigt zu sein.

7) Gescheiterte Rettungsversuche – Versuche eines Partners, den Schaden wieder gutzumachen und zu verhindern, dass die Negativität eskaliert, bis sie unkontrollierbar ist, werden ignoriert oder scheitern in anderer Weise.

Gottmans Daten stellen klar, was nicht funktioniert – durchaus gängige Verhaltensweisen, die eine Ehe wie ein Kartenhaus einstürzen lassen können. Wenn Sie mit Ihrem Partner oder Ihrer Partnerin eine glückliche Ehe führen wollen, können Sie an Gottmans Erkenntnissen deutlich ablesen, was Sie unterlassen müssen.

Wie sehen dann die konstruktiven Beiträge aus, die einer Ehe wachsen helfen? Eine Ehe ist ein lebendiger Organismus, ein komplexes Gefüge. Ein solches Gefüge braucht einen tragfähigen Boden. Es genügt nicht, einfach nur die Verhaltensweisen zu meiden, die eine Ehe vorhersehbar scheitern lassen. Vielmehr müssen Sie in Ihrer Beziehung unbedingt Verhaltensweisen pflegen, die ein tragfähiges Fundament für Wachstum und Zufriedenheit bilden. Dieses Fundament für eine glückliche Ehe schaffen dieselben Bedingungen, die das Wachstum von Menschen auch sonst nachweislich fördern – Empathie, Akzeptanz und Echtheit.

Carl Rogers' bahnbrechender personzentrierter

Ansatz der Psychotherapie, den er ab etwa 1940 entwickelte, löste eine Flut hochinteressanter Forschungsarbeiten aus.[3] Sie zeigten, dass sich Vorhersagen, ob ein Klient seine Probleme erfolgreich bewältigen würde, unabhängig von der theoretischen Ausrichtung eines Therapeuten vor allem daran festmachen ließen, in welchem Maße ihm der Therapeut Echtheit, Akzeptanz und Empathie entgegenbrachte.

Das ist inzwischen allgemein akzeptiert, und Psychologen sehen diese drei Bedingungen als notwendig und hinreichend für menschliches Wachstum an. Aufgrund unserer beruflichen Arbeit einerseits und unserer persönlichen Erfahrungen in unserer eigenen Beziehung andererseits sind wir fest davon überzeugt, dass diese Bedingungen als Fundament einer *gelungenen Partnerschaft* von überragender Bedeutung sind.

Auf diesem Fundament ruhen nach unserer Ansicht sechzehn Basics als operatives System, das die Beziehung trägt:

1. Ziele setzen
2. Vorwürfe unterlassen
3. Verantwortung für sich übernehmen
4. verstehen, was Verhalten ist
5. stärkendes Zuhören üben
6. auf Vergeltung verzichten
7. die Gefahren coolen Redens erkennen
8. lernen, mit heißen Themen umzugehen
9. Liebe so ausdrücken, dass sie ankommt
10. Verhalten verändern, nicht Ihren Partner
11. Konflikte und Streitpunkte auflösen
12. wissen, wann man nachgeben muss
13. sich entschuldigen und verzeihen
14. sich weiterentwickeln

15. die Romantik pflegen
16. einen Bund fürs Leben schließen.

Getragen von den drei wachstumsfördernden Bedingungen bilden die 16 Basics ein operatives System, das das Wachstum der Menschen, die es anwenden, und ihre Beziehungen stärkt. So kann es gelingen, »... menschliche Wunschträume in bewohnbaren und sinnvollen Raum umzuwandeln«.

Wir laden Sie ein, mit uns zusammen diesen sinnvollen Raum für Ihre Beziehung zu schaffen.

Teil 1

Die sechzehn Basics einer gelungenen Partnerschaft

Basic 1
Ziele setzen

Wer zu einem Stern unterwegs ist,
kehrt nicht um.

Leonardo da Vinci

Ein berühmter Cartoon aus der Zeitschrift *New Yorker* zeigt einen Mann, der sich behaglich auf dem Sofa ausgestreckt, die Schuhe ausgezogen und die Augen geschlossen hat und friedlich vor sich hin döst. Da kommt plötzlich seine Frau mit einem Schreibblock in der Hand ins Zimmer gestürmt und verkündet: »Ich finde, wir sollten heute Abend mal über langfristige Pläne reden, wenn du nichts dagegen hast.«

Der Gedanke an langfristige Pläne und das Setzen langfristiger Ziele ist manchen Paaren vielleicht genauso willkommen wie offensichtlich dem Mann in dem Cartoon – nämlich ganz und gar nicht. Aber klar definierte Ziele können ein Schlüsselfaktor für das Gelingen einer Ehe sein. Eine Untersuchung der Soziologin Pepper Schwartz an 6000 Paaren hat bestätigt, dass ungewöhnlich zufriedene Paare außer ihren Kindern noch etwas anderes haben, das Glück und Freude in ihre Beziehung bringt.[4]

Ohne Ziele lassen sich Paare leicht treiben, die Zeit verstreicht ohne rechte Bedeutung und die Beziehung wird nicht durch die Lust an zielstrebig erobertem Können und gemeinsamen Freuden genährt.

Ziele retten das Leben beider Partner vor Alltagstrott

und Langeweile, vor kleinlichen Vorwürfen und Hickhack beim Streben nach dem jeweils eigenen, persönlichen Stern.

Natürlich waren in Ihre Beziehung von vorn herein ein paar Ziele eingebaut, die Ihnen bereits eine Hilfe sind: so im Allgemeinen der Wunsch, ein glückliches Leben zu zweit aufzubauen, genügend Geld für den Lebensunterhalt zu verdienen, im Berufsleben aufzusteigen und in den meisten Ehen auch, Kinder zu bekommen und sie mit Erfolg großzuziehen. Das ist der Grundbestand.

Dann folgen die Träume und Sehnsüchte, die Ihr Leben und Ihre Beziehung einzigartig machen, Sie über sich hinauswachsen lassen und in etwas Größeres jenseits Ihrer Alltagssorgen einbinden. Ziele bringen Ihre Beziehung voran. Mit ihrer Hilfe können Sie einen Bestimmungsort anpeilen, bekommen frischen Wind in die Segel und können interessantes Neuland erschließen. Ziele bereichern Ihre Beziehung um die Dynamik von Sinn und Zweck – und die stärkt sie wie eine Vitaminspritze.

Vielleicht wollen Sie den Hunger in der Welt bekämpfen helfen, einen Kandidaten in ein Amt bringen, für Marathonläufe trainieren, eine neue Fremdsprache so gut lernen, dass Sie sich in einem anderen Land zu Hause fühlen, Orchideen kreuzen lernen, Experte für antike Möbel werden, Ihre Arbeitsstelle aufgeben und sich selbstständig machen oder noch einmal die Schulbank drücken und einen höheren Abschluss erwerben.

Die Auswahl an lohnenden Zielen ist unerschöpflich. Um das Ihre oder die Ihren zu finden, müssen Sie Ihr Herz erforschen und darüber nachdenken, wie Ihre persönlichen Träume aussehen, und sich außerdem Ihre Umgebung anschauen, um zu entdecken, was nötig oder wünschenswert ist und wo Sie mitmachen könnten.

Arten von Zielen

Es gibt zwei Arten von Zielen: solche, die Sie beide gemeinsam haben, und solche, die nur einer von Ihnen verfolgt. In den meisten Texten zu diesem Thema betonen die Autoren, wie wichtig es ist, dass Sie gemeinsame Ziele haben, übersehen aber den großen Wert, den es für eine Beziehung hat, wenn beide Partner verschiedene Ziele anstreben und verfolgen, vorausgesetzt, der andere akzeptiert sie und findet sie wünschenswert und legitim. Wir nennen die eine Art *gemeinsame Ziele* und die andere *akzeptierte Ziele*.

Wenn Sie die Liste der Ziele auf S. 26 betrachten, werden Sie feststellen, dass sich ein jedes von ihnen als *gemeinsames Ziel* oder als *akzeptiertes Ziel* eignet. Vielleicht beginnen Sie beide mit Lauftraining, vielleicht auch nur einer von Ihnen. Vielleicht beginnt die Frau allein, eine neue Sprache zu lernen, und der Mann beschließt später, auch mitzumachen. Ziele können sofort gemeinsam angestrebt und später für beide wichtig oder von Ihrem Partner akzeptiert und gefördert werden. In welcher Weise Sie diese Ziele auch immer in Ihre Beziehung integrieren, sie werden auf jeden Fall Ihrem Leben zusätzlichen Sinn verleihen und es auf eine höhere Ebene heben.

Gemeinsame Ziele

Hier einige Beispiele von Paaren mit gemeinsamen Zielen:

Philipp und Anja brachten bei der Rückkehr aus einem Urlaub das Rezept für eine köstliche Soße mit. Sie waren überzeugt, dass sie sich auch gut für den Verkauf eignen würde, und beschlossen, ein kleines Unternehmen zu gründen, in dem die Soße hergestellt und vertrieben werden sollte. Anja vervollkommnete das Rezept für die Produktion in großen Mengen, Philipp besorgte sich die Vertriebsgenehmigung und machte eine Quelle für Glasflaschen ausfindig. Sie erfanden einen Namen für ihr Produkt und machten sich kundig, auf welchen Wegen sie es in den Handel bringen konnten. Beide finden dieses Geschäftsvorhaben sehr aufregend und freuen sich darauf, in den nächsten Monaten mit der Produktion beginnen zu können. Die Langeweile des letzten Jahres kommt ihnen heute vor, als läge sie unendlich weit zurück.

Neben ihrer Berufstätigkeit wenden Lars und Mira gemeinsam viele Stunden dafür auf, Geld für ein Obdachlosenheim zu sammeln und dort zu helfen. Sie sind fest überzeugt, dass Menschen, die auf der Straße leben, ein ordentliches Bett und warme Mahlzeiten verdienen und Hilfe bei allen Problemen erhalten sollen, die dafür verantwortlich sind, dass sie kein Zuhause haben. Lars und Mira arbeiten jetzt schon vierzehn Jahre lang für das Obdachlosenheim und ihr Engagement ist ein zentraler Bestandteil ihres Lebens. Lars sagt: »Mir hat es immer viel Freude gemacht, für (Name der Organisation) zu arbeiten ... Diese Leute sind großartig. Und sie tun viel Gutes.« Mira fügt an: »Diese Arbeit gibt unserem Leben einen Sinn.«

Für uns war ein sehr erfüllendes gemeinsames Ziel das Schreiben dieses Buches und des dazugehörigen Trainingsprogramms. Wir teilen uns ins Schreiben – jeder macht Entwürfe für unterschiedliche Teile und dann redigiert einer die Arbeit des anderen. Die Kapitelverteilung und andere Aufgaben werden schriftlich festgelegt, regelmäßig auf einem Planungsblatt auf den neuesten Stand gebracht, und jeder übernimmt die Verantwortung für bestimmte Bereiche des Gesamtprojekts. Wir können uns kaum noch an die Orientierungslosigkeit erinnern, die wir vor drei Jahren erlebten, als Ralph eine Organisation verließ, für die er 28 Jahre lang gearbeitet hatte, und ich gerade ein umfangreiches Projekt für eine gemeinnützige Institution abgeschlossen hatte. Wir wussten beide nicht, wie es weitergehen sollte. Das gemeinsame Ziel unseres noch laufenden Vorhabens hat zusätzlichen Sinn und große Befriedigung in unser Leben gebracht.

Die meisten Paare verstehen, dass gemeinsame Ziele ein wichtiger Baustein für ihre Beziehung sind. Sie gehen von vorn herein davon aus, dass sie gemeinsame Ziele haben werden. Manchmal nimmt der Mann oder die Frau jedoch selbstverständlich an, dass seine oder ihre Vision automatisch zu einem gemeinsamen Ziel geworden ist, ohne dass dies zutrifft. Deshalb ist es wichtig, dass Ziele formuliert und diskutiert werden, damit verschwommene Vorstellungen in klare Absprachen einmünden und damit Sie zusammen die einzelnen Schritte des Prozesses planen sowie festlegen können, wer was zum Ergebnis beitragen wird.

Akzeptierte Ziele

Und wie sieht es mit einem Ziel aus, das sich nur einer der beiden Partner wünscht? Es kann zu einem akzeptierten Ziel und einem wichtigen Bestandteil Ihrer Beziehung werden, wenn Ihr Gegenüber sagt: »Nur zu! Meine Sache ist es nicht, aber ich werde dich dabei unterstützen.« Bei verschiedenen Zielen, über die man sich jedoch einig ist, wird das individuelle Wachstum beider Partner gefördert, persönliche Träume müssen nicht aufgegeben werden und das Ergebnis ist eine Bereicherung für beide, was wiederum die Beziehung bereichert.

Eine Frau erkennt vielleicht, dass sie schon immer davon geträumt hat, einen Pilotenschein zu besitzen, und beschließt, fliegen zu lernen. Ihr Partner hat kein Interesse am Fliegen, ist aber bereit, ihr Ziel zu fördern, indem er mit einer entsprechenden Planung des Familienbudgets einverstanden ist, den erforderlichen Zeitaufwand akzeptiert, sie beim Lernen unterstützt und ihr wachsendes Können im Cockpit lobt. Dieses Paar hat ein akzeptiertes Ziel. Hier noch einige weitere Beispiele:

Heiko, ein erfolgreicher Computerspezialist, hat im Stillen immer davon geträumt, Geschichte zu unterrichten. Nach gründlicher Überlegung und langen Gesprächen mit Jessica einigten sich die beiden darauf, dass sie weiter berufstätig bleiben sollten, während er noch einmal zur Uni gehen und seinen Nebenfachabschluss in Geschichte zu einem Hauptfachabschluss aufstocken würde, damit er an einer höheren Schule unterrichten konnte. Jessica war mit Heikos Ziel einverstanden und trug dazu bei, dass er es erreichen konnte. Jetzt hat er angefangen zu unterrichten und beide fühlen sich in Akademikerkreisen gesellschaftlich wesentlich wohler als früher in den Kreisen der Hightechindustrie.

Alexander ist Arzt und hat eine Praxis für Allgemeinmedizin, aber seine wahre Leidenschaft ist die Evolution. Mit dem Einverständnis seiner Frau verbringt er jedes Jahr einen Monat im Regenwald von Costa Rica oder in der Sonora-Wüste in Mexico, wo er wilde Orchideen und seltene Schlangen in ihrem natürlichen Lebensraum erforscht. Sie faszinieren ihn, weil sie zu den primitivsten, urtümlichsten, aber relativ gut zugänglichen Organismen der Welt gehören. Alexander hat viele Arbeiten über seine Ergebnisse veröffentlicht, und seine Frau, die sich weder für Schlangen noch für Tropenwälder interessiert, ist stolz, dass seine leidenschaftlichen Interessen ihm so tiefe Befriedigung und viele Ehrungen eingebracht haben.

Ein Beispiel für ein akzeptiertes Ziel in unserer eigenen Beziehung ist mein Interesse an Rosen. Ich (Patty) habe mich viele Jahre lang intensiv mit der Zucht und der Präsentation von Rosen auf Ausstellungen befasst. Ich wollte so viel Sachkenntnis wie möglich erwerben und es fertig bringen, Preise bei Rosenschauen in meinem Heimatort und im ganzen Land zu holen. Ich besuchte zahlreiche Veranstaltungen, um die neuesten Züchtungen und Pflanzverfahren kennen zu lernen, gestaltete den Garten hinter unserem Haus neu, um mehr Platz für meine Beete zu gewinnen, und widmete den Aufgaben und Freuden der Rosenzucht viele Stunden. Obwohl Ralph sich nur mäßig für Rosen interessierte, war er völlig damit einverstanden, dass ich mich diesem Hobby hingab. Und ich genoss meine zahlreichen Erfolge in der Rosenzucht sowie den Weg, der dorthin führte.

Dabei begleitete mich Ralph immer wieder zu Treffen und Ausstellungen, grub Löcher für neue Pflanzen, half beim winterlichen Schneiden der Rosen und gewann ziemlich viel Erfahrung im Umgang mit ihnen; gelegentlich rief ihn sogar einmal ein Freund an und bat ihn um

Rat zum Thema Rosen! Dennoch war es mein Hobby, nicht seines – und ein Beispiel dafür, wie viel Nähe und Freuden das Ziel eines Partners bringen kann, das vom anderen vorbehaltlos unterstützt wird.

Wenn Sie Ihrem Partner oder Ihrer Partnerin helfen, ein Ziel zu erreichen, das nur ihm bzw. ihr wichtig ist, dann unterstützt das Ihr Gefühl partnerschaftlicher Nähe und Ihr Gegenüber bei der Anstrengung, seinem Ziel näher zu kommen. Und Ihr eigenes Selbstwertgefühl gedeiht, denn Sie erleben sich als liebenden, hilfreichen Menschen. Beide Partner ziehen Nutzen aus Zielen, auf die sie sich verständigt haben.

Zusammen mit Ihrem Partner Ziele zu entwickeln – sowohl gemeinsame als auch akzeptierte Ziele – ist eine wichtige Möglichkeit, verbindende Nähe herzustellen, Freiraum zu gewinnen und Ihrem Leben Richtung und Sinn zu geben. Wenn Sie wissen, dass Ihr Partner im Einklang mit Ihnen ein gemeinsames Ziel anstrebt oder Sie voll bei etwas unterstützt, das nur Ihnen etwas bedeutet, dann spüren Sie, dass er Ihnen wirklich wohl will und fühlen sich tief miteinander verbunden. Wenn Sie erst einmal klar erkannt haben, in wie vielfacher Hinsicht das Ansteuern von Zielen Sie dem Glück, der Zufriedenheit und einem stärkeren Gefühl der Gemeinsamheit näherbringt, werden auch Sie eiligst nach einem Planungsblatt greifen!

Basic 2
Vorwürfe unterlassen

Wir haben selbst an der Vollkommenheit
noch etwas auszusetzen.

Blaise Pascal

Wenn etwas schief geht, sind bis auf die Heiligen unter uns alle blitzschnell mit Vorwürfen bei der Hand. Und genauso rasch erteilen wir oft erzieherische Ratschläge, mit denen wir eine Wiederholung des Ärgernisses zu verhindern hoffen. Vorwürfe und Verbesserungsvorschläge machen so richtig Spaß:

»Wenn du nicht wieder vergessen hättest, den Hörer auf die Gabel zu legen, hätte ich diesen wichtigen Anruf nicht verpasst!«
»Du bist schuld, dass die Katze entwischt ist ... denk doch endlich mal dran, das Fliegengitter zuzumachen!«
»Wie soll ich den Weg finden, wenn du die Beschreibung zu Hause lässt?«

Vorwürfe zu erheben ist gang und gäbe, und dennoch muss man diese Verhaltensweise als Krebsgeschwür für eine Beziehung einstufen. Vorwürfe dringen in Ihre Beziehung ein wie ein Tumor, nehmen gesundem Gewebe den Raum und verdrängen alles Gute, bis schließlich Vitalität und Zufriedenheit aus Ihrer Beziehung verschwunden sind. Vorwürfe sind eine tödliche Krankheit, die Beziehungen zerstört.

Auch wenn Vorwürfe in den meisten Beziehungen allgegenwärtig sind, muss man sie doch wie einen aggressiven Tumor ansehen, dem man keine Wachstumschancen einräumen darf. Wenn Sie es zulassen, werden die Vorwürfe alles Beglückende in Ihrer Beziehung kaputt machen. Sie verletzen die Gefühle Ihres Partners, beeinträchtigen die Liebe, verringern das Selbstwertgefühl, schwächen die Kooperation und führen zu Wut, Groll und Verachtung. Das krebsartige Wuchern von Vorwürfen hat schon viele Ehen ruiniert – und Sie sollten es schon im Anfangsstadium unterbinden.

Da Vorwürfe so viel Schaden anrichten, wäre es für alle unsere Beziehungen, einschließlich der zu uns selbst, von großem Vorteil, wenn wir einen Weg fänden, sie auf ein Minimum zu reduzieren. Zum Glück gibt es einen solchen Weg. Er besteht erstens in einer neuen Denkweise über die unerfreulichen Dinge, die uns im Leben zustoßen, und zweitens in einer neuen Sprechweise über diese Dinge gegenüber anderen, die davon mitbetroffen sind.

Bei dieser neuen Denkweise über Dinge, die wir gewöhnlich jemand anderem vorwerfen, trennt man den »Missetäter« von den Folgen.

Als erstes sollten Sie erkennen, dass es der »Missetäter« – welche Schwächen er auch immer haben mag – nicht böse gemeint und unter den gegebenen Umständen sein Bestes getan hat. Selbst wenn in den angeführten Beispielen ein Partner vergessen hatte, den Hörer aufzulegen, die Tür zu schließen oder die Wegbeschreibung mitzunehmen, war er guten Willens, auch wenn das Ergebnis ärgerlich war. Es ist wichtig, sich einen Augenblick Zeit zu nehmen und ein wenig Empathie für Ihren Partner oder Ihre Partnerin aufzubringen, die nichts Böses im Sinn hatten. Machen Sie sich klar, dass wir *alle* stets versuchen, unter den jeweiligen Umständen das Bestmögliche zu tun! (Oder tun Sie das nicht? ... Und tut es dann nicht auch Ihr Gegenüber?)

Dann konzentrieren Sie sich auf die Folgen! *Diese Folgen* sind das Eigentliche. *Sie* sind das, was Sie aufregt. Sie haben einen wichtigen Anruf verpasst, die Katze ist entwischt oder Sie müssen eine Karte zu Hilfe nehmen, um an Ihren Bestimmungsort zu gelangen. Das Wichtige ist nicht, einen Missetäter abzukanzeln, damit er sich elend fühlt, sondern das Problem zu lösen und sich dann wieder anderem zuzuwenden.

Es kommt nicht darauf an, ob Ihr Partner das Problem »verursacht« hat, ob das Problem durch höhere Mächte herbeigeführt wurde oder wie es sonst zustande kam. Das Wichtigste ist, Ihren Ärger und das Problem erfolgreich zu bewältigen ... und Ihren Partner mit im Boot zu behalten.

Die neue Sprechweise über die Folgen beinhaltet, dass Sie – statt Ihrem Partner Vorwürfe zu machen oder ihn zu korrigieren – deutlich sagen, wie sich die Folgen für Sie konkret auswirken und welche Gefühle das bei Ihnen auslöst. Das kann in Form einer »Ich-Botschaft« geschehen, bei der Sie, der Sender, über Ihre Reaktion sprechen. Mögliche Ich-Botschaften zu den angeführten Beispielen wären etwa:

Wenn du den Hörer nicht auf die Gabel legst und ich verpasse einen Anruf, der für mich wichtig sein könnte, fühle ich mich frustriert und ärgere mich!

Wenn du das Fliegengitter offen lässt und die Katze entwischt, bekomme ich große Angst, dass ihr etwas passieren könnte, und habe das Gefühl, ich müsste alles stehen und liegen lassen, um sie suchen zu gehen und das nervt mich ...

Weil du die Wegbeschreibung zu Hause gelassen hast und wir jetzt so lange herumsuchen müssen, um unser Ziel zu finden, habe ich große Angst, dass wir zu spät kommen.

All das sind Beispiele für vorwurfsfreie Ich-Botschaften. Diese Art von Selbstoffenbarung wird Ihnen helfen, Ihr Gefühl des Aufgebrachtseins zu bewältigen und Ihrem Partner die Folgen seines Handelns klarzumachen, ohne dass Sie ihm dafür eine Abreibung verpassen. Und sie hält den Weg für einen Umgang mit dem Problem offen, bei dem nicht nach Fehlern gesucht wird. Ich-Botschaften sind deutlich und wirkungsvoll, aber *vorwurfsfrei*. Sie ermöglichen Ihnen, klar auszudrücken, was Sie sagen wollen, ohne Ihrem Partner die Hölle heiß zu machen. (In Basic 10 »Verhalten verändern, nicht Ihren Partner« ist ausführlich dargestellt, wie Sie mit Hilfe von Selbstoffenbarung eine Befriedigung Ihrer Bedürfnisse herbeiführen können.)

Vorwürfe – ein altes Übel

Jeder hat den Impuls, Vorwürfe zu machen. Sehr oft sieht es tatsächlich so aus, als habe der oder die andere ein Problem »verursacht«. Aber Tatsache ist, dass der eigentliche Grund für Ihre Verstimmung die *Folgen* einer Handlung sind, dass Ihre Beziehung wichtiger ist als ein moralischer Sieg und dass eine ehrliche, klare, vorwurfsfreie Ich-Botschaft die Wahrscheinlichkeit wesentlich erhöht, dass Ihr Partner teilnahmsvoll und hilfsbereit auf Ihre Nöte reagiert.

Leider sind Vorwürfe ein außerordentlich attraktiver Weg, mit dem Gefühl der Hilflosigkeit fertig zu werden, das uns ergreift, wenn etwas schief geht. Ihr Partner hat gerade etwas getan, dessen Folgen für Sie sehr ärgerlich waren – und was können Sie jetzt machen? Nichts! Es ist schon passiert und lässt sich nicht mehr ändern! *Und Hilflosigkeit ist ein Gefühl, mit dem viele Erwachsene nur schwer umgehen können.*

Häufig erleben die Menschen ihre Hilflosigkeit oder ihre Erregung als Ärger und rufen anklagend aus: »Verdammt! Warum hast du das getan?« Für viele von uns gibt es in Augenblicken der Ratlosigkeit nichts Attraktiveres als den nächstbesten vermutlichen Schuldigen anzugreifen – den Menschen, den wir für unsere aufgewühlten Gefühle verantwortlich machen. Zufällig ist das sehr häufig unser Partner (den wir angeblich lieben!).

Aber bedenken Sie: auch wenn Sie das Verhalten Ihres Partners noch so sehr aufbringt, hatte er, falls Ihre Beziehung im Allgemeinen gut ist, höchstwahrscheinlich nicht den Vorsatz, Sie zu verletzen. Sich das vor Augen zu halten hilft Ihnen vielleicht, ruhig zu bleiben, wenn Sie nach einem Weg suchen, Ihrem Partner beizubringen, dass sein Verhalten Sie geärgert hat, und nicht noch durch Vorwürfe Öl ins Feuer zu gießen.

Jeder hasst es, wenn er Vorwürfe zu hören bekommt. Es trägt auch nichts zur Verbesserung des Charakters bei, ganz gleich, was Ihre Eltern gedacht haben mögen! Vorwürfe bewirken nur, dass der andere sich schuldig fühlt und defensiv wird, sie können sein Selbstwertgefühl schädigen und erzeugen oft eine mindestens zeitweilige Spannung zwischen dem anderen und Ihnen, die Ihre Nähe zerstört. Wenn Sie Vorwürfen freie Bahn lassen, können Sie damit jeder Beziehung enorm schaden, ganz gleich, wie sehr Sie einander einst in Liebe zugetan waren.

Die gesellschaftliche Spielart – öffentliche Kritik

Die gesellschaftliche Spielart von Vorwürfen ist die hässliche Gewohnheit mancher Menschen, ihre Partner öffentlich zu kritisieren. Das ist demütigend und für Mann wie Frau ein schlimmer Vertrauensbruch.

»Tut mir Leid, dass in der Küche so ein Chaos herrscht«, sagt Jana, »aber wie üblich hat Christian die kaputte Geschirrspülmaschine noch nicht repariert, vom Licht am Eingang und dem Autofenster ganz zu schweigen. Wieso er immer ein ganzes Jahr braucht, bis er sich endlich um diese Dinge kümmert, ist mir ein Rätsel.«

»Ihr wisst doch, was Micha für ein Geizkragen ist. Er will nie für irgendwas Geld ausgeben. Ich begreife nicht, wie er meinen kann, wir kämen mit so wenig aus.«

»Offen gesagt ist meine Frau eben faul. Sie sitzt bloß herum und telefoniert von morgens bis abends mit ihren Freundinnen. Im Haushalt macht sie keinen Finger krumm.«

Leider hört man derart abstoßende Kritik in Gesellschaft viel zu oft. Wenn es schon uns weh tut, sie zu hören, um wie viel schmerzhafter muss sie dann für den angeschwärzten Ehepartner sein! Und wie sollen wir reagieren, wenn ein Ehepartner den anderen vor unseren Ohren kritisiert? Was sollen Freunde dazu sagen? Es ist für alle peinlich. Und auch ganz gewiss nicht der Boden, auf dem gute soziale Beziehungen gedeihen.

Aber wir alle haben von Zeit zu Zeit an unseren

Partnern etwas auszusetzen, und manchmal wird es aktuell, während wir mit unseren Freunden zusammen sind. Müssen wir ihnen gegenüber immer so tun, als sei alles eitel Sonnenschein? Das wäre gekünstelt und würde der Ehrlichkeit Abbruch tun, die echte Freundschaft zu einem so kostbaren Geschenk macht. An welche Richtlinien können wir uns dann aber halten, wenn wir in Gegenwart von Freunden über unseren Partner oder unsere Partnerin aufgebracht sind?

Regel Nummer eins: Machen Sie keine Vorwürfe und kritisieren Sie nicht – auch nicht in Form von Sarkasmus! Diese Reaktionen sind nie angebracht, aber in der Öffentlichkeit schon gar nicht. Neben den schwerwiegenden Nachteilen, die Vorwürfe und Kritik im Privatbereich haben, verletzen sie in der Öffentlichkeit noch zusätzlich durch Beschämung und Demütigung. Wenn Ihnen Ihr Partner mit einer Verhaltensweise Kummer macht, dann brauchen Sie eine Veränderung, die Abhilfe schafft, nicht einen tief gekränkten, beschämten Partner voller Groll.

Regel Nummer zwei: Bitten Sie aufrichtig um Verzeihung, wenn Sie gegen Regel eins verstoßen haben und hoffen Sie auf Vergebung. Wappnen Sie sich aber mit Geduld, Sie werden sie brauchen!

Wenn Sie Probleme ehrlich, aber ohne Gefahr mit Freunden besprechen wollen, denen Sie vertrauen, können Sie erklären, in welcher Weise Sie das Problem betrifft und welche Gefühle das bei Ihnen auslöst, statt Ihrem Partner Vorwürfe zu machen.

Sie könnten zum Beispiel sagen, dass Ihnen das Chaos in der Küche wegen der kaputten Spülmaschine peinlich ist und dass Sie frustriert sind, weil sie noch nicht repariert ist. Das ist eine ehrliche Aussage über die Tatsachen, mit der Sie Ihre Gefühle über die *Folgen* ausdrücken und nicht über den *Missetäter*. Die Würde Ihres Partners bleibt dabei gewahrt.

Oder ein Ehemann könnte sagen: »Meine Frau und ich haben in Bezug auf die Haushaltsführung verschiedene Wertvorstellungen. Ich möchte, dass das Haus immer sauber und ordentlich aussieht, aber Sally ist der Kontakt zu ihren Freundinnen viel wichtiger. Manchmal fällt es mir schwer, das zu akzeptieren. Ich wollte, sie würde das anders machen.« Auch damit werden wieder Gefühle über die *Folgen*, nicht über die *Missetäterin* ausgedrückt.

Wenn Sie mit engen Freunden offen über Sorgen sprechen wollen, ist das erste Gebot, die Würde Ihres Partners (und Ihre eigene) zu wahren, indem Sie auf Kritik verzichten. Das können Sie zum Beispiel tun, indem Sie nur die Folgen einer Verhaltensweise und die daraus entstehenden Gefühle benennen, statt über den Partner zu reden.

Vorwürfe abschaffen

Wenn Sie Vorwürfe abschaffen wollen, hilft es Ihnen vielleicht, sich an eine Situation zu erinnern, in der man Ihnen selbst etwas vorwarf, was Sie getan hatten. Wie ging es Ihnen dabei? Welche Wirkung hatten die Vorwürfe auf Ihr Selbstwertgefühl? Haben Sie sich von Ihrem Gegenüber verstanden gefühlt? Wie haben sich die Vorwürfe auf Ihr späteres Verhalten ausgewirkt? Wie auf Ihr Gefühl der Nähe? Wie lange haben Sie gebraucht, um die Empfindungen zu bewältigen, die die Vorwürfe in Ihnen ausgelöst haben? Es ist wichtig, dass Sie nüchtern über diese Frage nachdenken und sich klarmachen, dass

Ihr Partner auf Vorwürfe in ganz ähnlicher Weise reagieren dürfte. Dann wird Ihnen vielleicht noch klarer, wie destruktiv Vorwürfe sind.

Trotz all dieser Erkenntnisse ist es noch immer nicht leicht, auf Vorwürfe zu verzichten, und wegen der emotionalen Komplexität der ehelichen Beziehung könnte es Ihnen sehr schwer fallen, sich dieses schädigende Verhalten im Umgang mit Ihrem Partner abzugewöhnen. Dennoch ist es ein Ziel von größter Bedeutung.

Die Wirksamkeit der Beobachtung

Damit Sie diesem Ziel näher kommen, wenden Sie am besten ein Verfahren an, das auf den ersten Blick vielleicht zu schlicht aussieht, um etwas zu bewegen, mit der Zeit aber große Wirkung entfaltet. Er besteht einfach darin, zu beobachten, wann Sie Vorwürfe erheben.

Beobachten heißt nicht mehr und nicht weniger, als dass Sie im Stillen sehen, erkennen und sich eingestehen, dass Sie gerade Vorwürfe machen. Und *machen Sie sich nicht selbst Vorwürfe*, wenn Sie das feststellen – oder falls Sie es tun, beobachten Sie, dass Sie sich gerade vorwerfen, dass Sie Vorwürfe machen! Seien Sie einfach Zeuge Ihrer Vorwurfshaltung, wenn sie auftaucht.

Dieses stetig wiederholte Wahrnehmen hilft Ihnen, sich Ihres eigenen Verhaltens stärker bewusst zu werden, und das gibt Ihnen mit der Zeit die Möglichkeit, Ihr Handeln zu wählen. Der Trick besteht darin, die Neigung zum Vorwürfemachen in den Griff zu bekommen – fähig zu werden, einen Schwall aufsteigender Vorwürfe zu stoppen, ehe er Ihnen herausrutscht. Wenn Sie Ihr Verhalten längere Zeit einfach nur beobachten, ohne sich zu einer Veränderung zu zwingen, erwerben Sie eine Kontrolle, die Ihnen nach und nach eine Wahl erlaubt: Sie merken, dass Ihnen Vorwürfe auf der Zunge liegen, und Sie heftig reagieren wollen, können sich aber dafür entscheiden, sie – in diesem Moment – nicht zu äußern. Dann können Sie einen anderen Weg einschlagen, Ihre Gefühle des Ärgers, der Wut, der Hilflosigkeit, Frustration etc. auszudrücken. Sie sind nicht mehr das Opfer Ihrer Gewohnheit, Vorwürfe zu erheben – und Ihr Partner auch nicht!

Der Nutzen des Nachdenkens

Will man sich das Vorwürfemachen abgewöhnen, ist es auch nützlich, darüber nachzudenken, welche Emotionen die Neigung dazu am leichtesten aktivieren. Bei den meisten Menschen ist das irgendeine Form von Ärger. Es hilft Ihnen, wenn Sie erkennen, dass Ärger in vielen Fällen eine sekundäre Emotion ist, die andere, unterschwellige Gefühle überdeckt, die wir uns nur schwer eingestehen können. *Häufig kommt es uns sicherer vor, irritiert oder zornig zu reagieren, als uns auf tiefer liegende Gefühle wie Hilflosigkeit, Angst, Trauer oder Kränkung einzulassen. Mit diesen vier Empfindungen können Erwachsene nur sehr schwer umgehen – sie wollen sie nicht einmal wahrhaben.* Aber sie zuzugeben und auszudrücken ist oft der Schlüssel zur Vermeidung von Ärger und Vorwürfen und bewirkt, dass Ihr Partner sich kooperativ verhält oder Sie unterstützt.

In unserem Leben gab es eine Zeit, in der Patty Ralph monatelang Vorhaltungen machte, weil er zu spät zum Abendessen nach Hause kam. »Warum kommst du so spät? Wir hatten doch ausgemacht, dass du um Viertel vor sieben da bist ... Warum hast du nicht angerufen, als du gemerkt hast, dass es später wird?« Ging es dabei nur darum, dass ich (Patty) mich darüber ärgerte, dass ich allein zu Abend essen oder auf Ralph warten musste? Im Grunde nicht. Nach einigem Nachdenken erkannte ich, dass es noch um zwei andere Dinge ging: um den Wunsch, so bezaubernd zu sein, dass ihn nicht einmal ein Notfall dazu bewegen konnte, länger als bis halb sieben im Büro zu bleiben, und um meine (irrationale) Furcht, Ralph sei auf der Autobahn verunglückt und es sei ihm etwas Schreckliches zugestoßen.

Wenn Sie mit Trauer und Furcht in Berührung kommen, wie ich damals irgendwann, dann erkennen Sie, dass Sie Ihrem Partner nun etwas ganz anderes sagen können als vorher, wenn er wieder später als Viertel vor sieben nach Hause kommt. Statt ihm vorzuhalten, er sei ein rücksichtsloser, ewig unpünktlicher Workaholic, könnten Sie mit Ihrem neuen Bewusstsein etwa sagen: »Ich fühle mich einfach verletzt, wenn du um Viertel vor sieben noch nicht zu Hause bist. Ich wollte, du würdest so ungeduldig darauf warten, mich wiederzusehen, dass du alles stehen und liegen lässt, um nach Hause zu eilen.« Oder: »Als du um sieben Uhr noch nicht da warst und nicht angerufen hast, bekam ich mächtig Angst, es könnte dir auf der Autobahn etwas passiert sein. Ich habe mir große Sorgen um dich gemacht.«

Diese Botschaften drücken Verletzlichkeit aus, und wenn man Verletzlichkeit zeigt, lädt man damit zu Empathie und Nähe ein. Wenn Sie statt Ihrer zornigen, vorwurfsvollen und abweisenden Seite Ihr verletzliches Selbst offenbaren, ist es für Ihren Partner viel leichter, mitfühlend zu reagieren. (Ralph erklärte sich bereit, immer anzurufen, wenn er wusste, dass er später nach

Hause kommen würde. Sehr zartfühlend sagte er zu Beginn dieser Anrufe stets: »Mach dir keine Sorgen, ich liege nicht tot auf der Autobahn!«)

Wenn Sie sich Ihrer Trauer, Verletztheit, Angst und Hilflosigkeit bewusst sind, kann Ihnen das helfen, Ihre Neigung zu Vorwürfen zu überwinden und Gefühle offenzulegen, die eine tiefe Bedeutung haben. *Dann zeigt sich häufig, dass Ihr Partner damit viel teilnahmsvoller umgehen kann als mit dem alten Lied der Vorwürfe, das die meisten von uns schon seit Kindertagen nicht mehr hören können.*

Vorwürfe fördern Distanz in Beziehungen und tragen nichts zu Betroffenheit, Anteilnahme oder Problemlösungen bei. *Es ist unerlässlich, dass Sie mit den Vorwürfen Schluss machen, wenn Sie eine glückliche Ehe führen wollen.*

Eine spezielle Versuchung

Machen Sie sich klar, dass in dieses Buch eine ganz spezielle Versuchung zum Vorwürfemachen eingebaut ist, nämlich dass Sie Sätze folgender Art sagen: »Hey! Ich dachte, wir wollten mit den Vorwürfen Schluss machen ... das hat mir aber gerade ganz schön vorwurfsvoll geklungen.« Oder: »Also, wenn das eine Ich-Botschaft gewesen sein soll!«

Solche Aussagen sind nahe liegend und verlockend, vor allem wenn beide Partner dieses Buch gelesen haben und die darin vorgestellten Ideen verwirklichen wollen. *Aber mit derartigen Sätzen missbrauchen Sie das Buch als Knüppel.* Sie sind verkappte Vorwürfe, obendrein noch mit einem Schuss Selbstgerechtigkeit angereichert, und tun wie alle Vorwürfe weh. Reißen

Sie sich also zusammen, verwandeln Sie das Bedürfnis, Vorwürfe zu machen, in saubere, vorwurfsfreie Ich-Botschaften und sagen Sie etwa: »Wenn du das sagst, fühle ich mich verletzt und kritisiert«, oder was immer gerade passt.

Nonverbale Vorwürfe

Weiterhin müssen Sie erkennen, dass man auch nonverbal Vorwürfe machen kann, selbst wenn man lupenreine Worte verwendet. Ton und Gesichtsausdruck können die Bedeutung eines Satzes wie: »Okay – vergiss es!« so stark beeinflussen, dass er nicht mehr leichtherzige Vergebung, sondern Bitterkeit und Resignation ausdrückt. »Wunderbar!« kann alles Mögliche bedeuten, je nach Kontext, Stimme und Körpersprache. Da man annimmt, dass 93% aller Kommunikation nonverbal ablaufen, ist es wichtig, die enorme Bedeutung zu erkennen, die der so genannten Körpersprache zukommt. *Wenn Sie daran arbeiten, Vorwürfe aus Ihren Ich-Botschaften zu verbannen, dürfen Sie daher nicht allein auf Ihre Worte achten, sondern müssen sich auch bewusst machen, welche Botschaften Sie durch Ihren Ton und Ihre Körpersprache aussenden.*

Die Mühe auf sich zu nehmen, mit Vorwürfen in der Partnerbeziehung radikal Schluss zu machen, ist außerordentlich lohnend, und genauso lohnend ist es, das im Verhältnis zu sich selbst zu tun. Vorwürfe sind ein Krebsgeschwür, das aus jeder Art von Beziehung entfernt werden muss, die Ihnen am Herzen liegt, und es ist wichtig, dass Sie sich auch selbst gegenüber eine vorwurfsfreie Haltung entwickeln. Bedenken Sie stets, dass Vorwürfe nichts zum seelischen Wachstum beitragen. Empathie und Akzeptanz sind die beiden Faktoren, die das Reifen der Persönlichkeit eines Menschen und seine Fähigkeit, Probleme zu lösen, am meisten begünstigen. Daran sollten Sie sich unbedingt erinnern, wenn Sie mit sich selbst über Ihr eigenes Verhalten sprechen. Wie jeder andere Mensch, den Vorwürfe verkümmern lassen, Einfühlung und Akzeptanz jedoch zum Blühen bringen, profitieren auch Sie selbst davon, wenn Sie in Ihrem Inneren einen Raum der Sicherheit schaffen, in dem Sie Ihr eigenes Wachstum nähren können.

Werden Sie sich bewusst, in welch vielfältiger Gestalt Vorwürfe auftreten, und arbeiten Sie daran, ihnen in der Beziehung zu Ihrem Partner oder Ihrer Partnerin und zu sich selbst immer weniger Raum zu geben. Vielleicht gibt es keine andere Maßnahme, die für sich genommen Ihre Beziehung zu Ihrem Lebenspartner so wirksam verbessern kann, wie die Entfernung dieses Krebsgeschwürs aus Ihrem gemeinsamen Leben.

Basic 3
Verantwortung für sich übernehmen

Nehmen Sie Ihr Leben selbst in die Hand
und was passiert? Etwas Schreckliches.
Sie können keinem etwas vorwerfen.

Erica Jong

Jeder ist mit dem Gedanken vertraut, dass er Verantwortung für sein Verhalten übernehmen muss. Das ist eine entscheidende Forderung, die wir an einen reifen Menschen stellen.

In einer Beziehung lautet der entsprechende Gedanke, dass Sie die Verantwortung für die Erfüllung Ihrer menschlichen Bedürfnisse selbst übernehmen müssen. Dafür sind Sie zuständig. Sie selbst sind für sich verantwortlich, müssen herausfinden, welche Bedürfnisse, Hoffnungen und Wünsche Sie im Leben haben, müssen Ihren Träumen folgen und sie wahr machen.

Zwar wird ein liebender Partner wahrscheinlich dazu beitragen wollen, dass Ihre Bedürfnisse erfüllt werden, aber es liegt nicht in seiner Zuständigkeit, dafür zu sorgen. Ihr Partner tut für Sie, was und so viel er kann, aber das ist immer freiwillig. Wenn Sie von ihm erwarten, dass er für die Erfüllung Ihrer Bedürfnisse geradesteht, bürden Sie einem anderen Menschen eine zu schwere Last auf, wie sehr dieser Mensch Sie auch lieben mag. Ihr Partner ist ganz einfach nicht dafür verantwortlich, zu gewährleisten, dass Ihre Wünsche im Leben erfüllt werden, dafür sind Sie selbst zuständig. Auch wenn ein liebender Partner Ihnen wahrscheinlich dabei helfen wird, ist es nicht seine Aufgabe.

Verantwortung für sich selbst zu übernehmen kann eine triviale oder eine tiefgründige Sache sein.

In unserer eigenen Beziehung war ich (Patty) unzufrieden damit, wie Ralph unsere Hotelzimmer zu besorgen pflegte. Er ging hinein an die Rezeption, kam wieder heraus und verkündete stolz, wir hätten ein Zimmer. Wenn ich ihn dann aber fragte, was für ein Zimmer (»Was kostet es? Wie groß ist das Bett? Hat es eine schöne Aussicht?«), konnte er mir oft keine Antwort geben. Das verblüffte und ärgerte mich und es fiel mir schwer, ihm keine Vorwürfe zu machen (»Du hast nicht einmal gefragt, wie viel es kostet?«)

Nachdem das in einem Urlaub mehrere Abende hintereinander so gegangen war, sprach ich mit Ralph darüber und stellte fest, dass es ihm nicht besonders wichtig war, wie viel das Zimmer kostete, wie groß das Bett und wie schön die Aussicht war. Nur mir lag daran. Wenn ich diese Fragen beantwortet haben wollte, musste ich die Verantwortung dafür übernehmen, dass sie gestellt wurden, ehe wir uns festlegten. Wir beschlossen, dass von nun an ich die Einquartierung im Hotel übernehmen würde, und so ist es seither geblieben. Ich kann mein Informationsbedürfnis stillen, ehe ich ein Zimmer buche, und Ralph ist froh, dass er diese Aufgabe los ist. Diese Lösung ist uns beiden recht, nachdem ich mir jetzt meiner Bedürfnisse bewusst und bereit bin, die Verantwortung für deren Erfüllung zu übernehmen.

Das ist kein tiefschürfendes Beispiel und vielleicht

nicht unbedingt das, was man sich unter »Verantwortung für sein Leben übernehmen« typischerweise vorstellt. Aber gerade die Trivialität illustriert die Bedeutung dieser Forderung für alltägliche Situationen.

Sandra beobachtete einige Jahre lang, wie sich der Gesundheitszustand ihres zuckerkranken Mannes Robert stetig verschlechterte, und erkannte, dass seine Arbeitskraft vielleicht nicht ausreichen würde, um ihre Zukunft finanziell zu sichern. Daher stockte sie ihre Ausbildung auf, wurde Lehrerin und begann an einer höheren Schule zu unterrichten. Die Familie freut sich heute über das zusätzliche Einkommen und weiß, dass sie auch dann keine Geldsorgen hat, wenn Robert aufgrund seiner Krankheit vorzeitig in den Ruhestand gehen muss.

Bianca hatte sich jahrelang nach Dingen gesehnt, die sie sich nicht leisten konnte, und war frustriert, weil ihr Mann Simon ein so niedriges Einkommen hatte. Dann übernahm sie die Verwaltung ihrer Wertpapiere. Sie investierte zunächst eine kleine Summe, lernte eifrig, wie man mit Aktien handelt, und verfolgte aufmerksam die Tageskurse ihrer Aktien an der Börse. Statt sich mit der Enttäuschung darüber aufzuhalten, dass Simons kleines Einkommen nicht für ihre Extrawünsche ans Leben reichte, statt sich zu beklagen oder ihn zu kritisieren, übernahm sie Verantwortung für die optimale Entwicklung ihrer Fähigkeit, ihr Geld durch gewinnbringende Investitionen zu vermehren. Sie findet den Prozess faszinierend, hat ihr Wissen über viele einschlägige Themen erweitert und das ausgeprägte Gefühl, ihr Schicksal selbst in die Hand genommen zu haben. Sie teilt die Entwicklung ihrer

Aktienkurse regelmäßig Simon mit, was eine aufregende Neuerung in ihrer Beziehung darstellt.

Das sind anschauliche Beispiele für einen Prozess, bei dem jeweils die Partnerin ein unerfülltes Bedürfnis »entdeckt« und sich dann entschieden hat, Verantwortung dafür zu übernehmen. Dadurch haben die Frauen die Zuständigkeit für die Erfüllung ihrer Wünsche in einer gesunden Weise von ihrem Partner auf sich selbst verlagert. Manchmal genügt das schon, um einen Wandel in Ihrem Leben und Ihrer Beziehung herbeizuführen.

Unerfüllte Bedürfnisse erkennen

Als Patty sich selbst sagen hörte: »Du hast nicht einmal gefragt, wie viel das Zimmer kostet???«, wurde ihr schlagartig klar, dass sie an dieser Stelle ein unerfülltes Bedürfnis hatte, um das sie sich kümmern musste. Ein allgemeiner Groll, ein irritierter oder frustrierter Tonfall können ein Hinweis darauf sein, dass Ihre Bedürfnisse zu kurz kommen. Wenn Sie Groll, Kritik oder Frustration in Ihren eigenen Worten oder Ihrer eigenen Stimme hören, während Sie über ihre Lebenslage, Ihre Träume oder Ihre Ziele sprechen, ist das ein Zeichen dafür, dass Sie unerfüllte Bedürfnisse haben, denen Sie sich zuwenden sollten. Das ist eine Gelegenheit zu einem ernsthaften Gespräch, das die Tür zu einem neuen akzeptierten Ziel, einer neuen Entscheidung oder Lösung öffnen und zudem Ihre Beziehung stärken und vertiefen kann.

Wenn Sie Ihrem Partner zu verstehen geben, Sie selbst seien für Ihren Wunsch zuständig und nicht er, dann hat er paradoxerweise oft eher ein Interesse daran,

Sie bei der Erreichung Ihres Ziels zu unterstützen, ob es dabei um finanzielle Sicherheit, Information, Schönheit, Ruhe, Anregung, Lernen, Sicherheit oder was immer geht – einfach weil Sie selbst die volle Verantwortung dafür übernommen haben.

Eine der großen Herausforderungen des Lebens ist die Aufgabe, sich darüber klar zu werden, wer Sie sind und wer Sie sein wollen, wie Sie Ihre Zeit auf dieser Welt verbringen und mit der Welt in Kontakt treten wollen, welche Bereiche für Sie wichtig sind. *Das ist letztlich die Lebensaufgabe eines jeden Menschen – der Mensch zu werden, der er sein möchte.*

Wenn Sie einsehen, wie wichtig es ist, dass Sie für Ihr eigenes Leben Verantwortung übernehmen, wird Sie das als Individuum stärken, Ihr Gefühl der Kompetenz und Ihre Zufriedenheit steigern. Und das Beste daran ist, dass Ihre Bereitschaft, selbst für Ihre Bedürfnisse einzustehen, Ihren Partner von der Bürde unangemessener Erwartungen befreit, Ihnen die Freiheit schenkt, sich Ihre Wünsche selbst zu erfüllen, und Ihnen beiden ganz allgemein die Freude einträgt, aus freien Stücken und frohen Herzens etwas zum Leben des anderen beitragen zu können.

Basic 4
Verstehen, was Verhalten ist

Ich schätze, in den einen Menschen steckt genauso viel menschliche Natur wie in den anderen, wenn nicht sogar mehr.

Edward Noyes Westcott

Verhalten ist »die Art und Weise, wie ein Lebewesen handelt, besonders als Reaktion auf einen Reiz.« Menschliches Verhalten ist das, was die Menschen sagen und tun – was man mit seinen fünf Sinnen sehen, hören, tasten, schmecken und riechen kann.

Erkenntnis Nr. 1: Sie können die sichtbaren Verhaltensweisen Ihres Partners viel leichter beeinflussen als das, was Sie als seine Charakterzüge, Ansichten, Eigenschaften oder Motive ansehen, denn diese sind in seinem Inneren verborgen und nicht direkt zugänglich. Der springende Punkt ist, zu erkennen, dass Versuche, den Charakter oder die Einstellung Ihres Partners zu ändern, sehr wahrscheinlich zum Scheitern verurteilt sind, und außerdem Irritationen hervorrufen. Versuche, die dazugehörigen Verhaltensweisen zu ändern, können jedoch sehr erfolgreich sein! Wenn Sie beispielsweise gern rote Rosen zum Geburtstag hätten, ist es viel leichter, Ihren Partner um einen Strauß Rosen zu bitten, als zu versuchen, ihn in einen »aufmerksameren und rücksichtsvolleren Menschen« zu verwandeln, der von sich aus daran denkt, Ihnen Blumen zu bringen.

Der entscheidende Grundsatz lautet: In einer Beziehung läuft alles viel besser, wenn Sie Ihre Mutmaßungen darüber, was in Ihrem Partner vorgeht, und Ihren Wunsch, daran etwas zu ändern, minimieren, und sich stattdessen mit dem befassen, was Sie sehen, hören oder körperlich spüren können. Der Schlüssel liegt im Verhalten!

Erkenntnis Nr. 2: Die Verhaltensweisen Ihres Partners sind – ob sie Ihnen gefallen oder nicht – ein Versuch, irgendeinem Bedürfnis nachzukommen, das er hat, und nicht der Beweis für einen edlen oder unedlen Charakter oder den Wunsch, Sie zu ärgern. Falls Sie nicht gerade einen Soziopathen geheiratet haben, was wenig wahrscheinlich sein dürfte, ist Ihr Partner nicht »böse«, wenn Ihnen sein Verhalten missfällt, sondern er hat einfach ein Mittel gewählt, ein Bedürfnis zu befriedigen, das mit einem Ihrer Bedürfnisse kollidiert oder aus sonst einem Grund für Sie inakzeptabel ist. Wenn Ihre Partnerin im Bad quer über das Waschbecken greift, um sich das Wasserglas zu holen, während Sie sich gerade die Zähne putzen, tut sie das nicht, um Sie zu stören, sondern einfach, weil sie Wasser trinken will. Ihre Partnerin ist nicht »rücksichtslos«, sie erfüllt sich lediglich einen Wunsch.

Jedes Verhalten ist zielgerichtet und stellt immer einen Versuch dar, ein Bedürfnis zu befriedigen. Diese Erkenntnis zu bedenken, kann sehr hilfreich sein, wenn Ihnen das Verhalten Ihres Partners unannehmbar erscheint. Denn es ermöglicht Ihnen vielleicht, den anderen erheblich weniger vorwurfsvoll mit seinem Verhalten zu konfrontieren und ihm dann mit viel mehr Empathie zuzuhören, was Ihre Chancen für eine konstruktive, freiwillige Verhaltensänderung oder eine für beide annehmbare Lösung in der Zukunft beträchtlich steigern kann. (Sie könnten zum Beispiel ein zweites Glas aus der Küche holen.)

Ellen beklagt sich, dass ihre Lebensgefährtin Mia sie nicht regelmäßig von ihrer Arbeitsstelle aus anruft. Will Mia Ellen damit absichtlich verletzen? Wohl kaum. Die meisten Menschen, die in einer engen und liebevollen Beziehung leben, haben nicht gezielt im Sinn, einander wehzutun. Dass Mia nicht anruft, dürfte also eher darauf hindeuten, dass sie konzentriert mit dem beschäftigt ist, was an ihrem Arbeitsplatz geschieht, oder dass sie vielleicht nicht will, dass ihre Arbeitskollegen Einzelheiten über ihr Privatleben erfahren.

Wir können nur darüber spekulieren, was das Verhalten unseres Partners motiviert, bis wir mit ihm einen Dialog darüber beginnen, und zwar in einem Klima, in dem sich der Angesprochene sicher genug fühlt, um *offen über seine Bedürfnisse* zu sprechen.

Monika kommt mit Neuigkeiten nach Hause und kann es kaum erwarten, sie Oliver zu erzählen. Sie stürmt in das Zimmer, in dem er sich aufhält, und sprudelt schon aufgeregt los, als er heftig abwinkt und signalisiert, sie solle sofort still sein! Im ersten Moment ist sie verletzt. Sie hatte so große Neuigkeiten und er wollte sie nicht hören!

Wollte er sie verletzen? Keineswegs. Er war am Telefon, mitten in einem wichtigen Gespräch, und wollte nicht unterbrochen werden. Als er abwinkte, um sie zum Schweigen zu bringen, wollte er lediglich dafür sorgen, dass er seinen Gesprächspartner am anderen Ende der

Leitung noch verstehen konnte. Das war ein legitimes Bedürfnis, das in keiner Weise mit der Absicht verbunden war, sie zu verletzen.

Auch sie hatte ein legitimes Bedürfnis – ihre Neuigkeiten zu berichten –, und als sie begann, das zu tun, wollte sie damit nicht seinen Bedürfnissen in die Quere kommen. Als sie merkte, dass ihr Verhalten ihn in Schwierigkeiten brachte, war sie nicht mehr gekränkt, weil er abgewunken hatte, sondern zog sich still zurück und hob die großen Neuigkeiten für später auf. Nachdem Oliver sein Telefonat beendet hatte, konnte er den Anflug von Verstimmung leicht wieder aus der Welt schaffen. Er sagte: »Tut mir Leid, dass ich dir das Wort abgeschnitten habe, aber ich habe ein sehr wichtiges Gespräch geführt«, worauf sie antwortete: »Ja, ist schon gut. Ich hatte nicht gesehen, dass du telefonierst.« Dann konnte sie erzählen.

Wir können gar nicht dick genug unterstreichen, dass liebende Partner nicht absichtlich Dinge tun, die den anderen irritieren sollen. Wenn Sie sich durch das Verhalten Ihres Partners verletzt fühlen, kommen Sie leicht auf den Gedanken, er habe lieblos gehandelt, und stellen ihn vorwurfsvoll zur Rede. Aber das bringt nicht viel. Vorwürfe führen zu Abwehr. Verständnis und Kooperation fördern sie nicht.

Sobald Sie über Ihre gesamte Erfahrung mit Ihrem Partner nachdenken, erkennen Sie vielleicht rascher, dass er die Irritation nicht absichtlich herbeigeführt hat. Wenn Sie erst einmal fest auf dem Boden dieser Tatsache angekommen sind, verstehen Sie vermutlich auch besser, welchem Bedürfnis Ihr Partner mit seinem Verhalten nachkommen wollte. Dann nimmt Ihr Ärger ab und Ihr Mitgefühl wächst. So sind Sie viel besser in der

Lage, Ihr Gegenüber verständnisvoll anzusprechen und mit offenen Ohren anzuhören. Dadurch gelangen Sie mit größerer Wahrscheinlichkeit zu einem neuen Verständnis oder zu einer neuen Lösung, die in Zukunft Probleme verhindert.

Wenn Sie sich merken, dass jedes Verhalten Ihres Partners ein Versuch ist, irgendein Bedürfnis zu erfüllen, dann hilft Ihnen das, etwas vom Geheimnis seines Wesens zu ergründen, und ermöglicht Ihnen, unerwünschtes Verhalten behutsam anzusprechen. Ihr Partner ist nicht schwierig oder böswillig. Er versucht nur, seine Bedürfnisse zu stillen. Eine glückliche Ehe entsteht dadurch, dass zwei Menschen sensibel und so offen miteinander kommunizieren, dass sie die Bedürfnisse des jeweils anderen erkennen und verstehen und gemeinsam Lösungen finden, die beiden gerecht werden.

Basic 5
Stärkendes Zuhören üben

Meine Frau sagt, dass ich ihr nie zuhöre. Jedenfalls glaube ich, dass sie das gesagt hat.

Anonymus

Wenn Sie eine glückliche Partnerschaft leben wollen, ist es außerordentlich wichtig, dass Sie Ihrem Partner oder Ihrer Partnerin zuhören. Zuhören öffnet die Tür zum Verständnis. Zuhören schafft Vertrauen. Zuhören führt zu Konfliktlösungen. Zuhören ist die Mutter der Nähe. Zuhören nährt das Gedeihen einer Beziehung. Der Theologe Paul Tillich fasst dies in dem Satz zusammen: »Die erste Pflicht der Liebe ist das Zuhören.«

Zuhören ermutigt Ihren Partner wie nichts anderes, mit Ihnen zu sprechen. Wenn Sie immer selbst reden und selten zuhören, dürfen Sie sich nicht darüber wundern, wenn Ihr Partner wenig sagt. Dieses Phänomen können Sie sehr gut bei manchen Eltern beobachten, die ihre Kinder mit einer steten Flut von Anordnungen, Zurechtweisungen, Ratschlägen und Kritik überschütten und sich dann bei ihren Freunden darüber beklagen, dass ihre Kinder nie mit ihnen reden, obwohl sie Spielkameraden bereitwillig alles Mögliche erzählen. Die einfache Erklärung für dieses rätselhafte Verhalten ist, dass die Gleichaltrigen zuhören und nicht so viele unerwünschte Ratschläge erteilen. Wenn Sie möchten, dass Ihr Gegenüber Ihnen seine intimen Gedanken offenbart, dann seien Sie ein aufmerksamer Zuhörer. Wenn Sie eine enge Beziehung wollen, halten Sie fleißig die Ohren offen.

Henrik berichtete, er habe das Gefühl, dass er seine Arbeitsprobleme nicht mit nach Hause schleppen und vor Sina ausbreiten solle, weil solche Dinge für ihr Leben ohne Bedeutung seien und er sie nicht damit belasten wolle. In einer Therapiestunde zu zweit, in der beide das Zuhören übten, ließ sich Henrik dazu überreden, über ein komplexes Problem zu sprechen, das er als Börsenmakler mit einem Kunden hatte. Sina sollte ihm einfach nur zuhören. Nach der Übung sagte Sina zu Henriks Erstaunen, sie hätte das Problem mit größtem Interesse angehört und sich früher immer aus diesem wichtigen Bereich seines Lebens ausgeschlossen gefühlt. Und ein strahlender Henrik sagte: »Ich habe es ihr richtig gern erzählt!«

Hatte Sina Henriks Arbeitsproblem gelöst? Nein. Aber ihr aufmerksames Zuhören hatte Henrik Gelegenheit gegeben, ihr seine Gedanken und Gefühle mitzuteilen, vielleicht dabei eine Erkenntnis zu gewinnen oder eine emotionale Entlastung zu erleben. Vor allem hatte es sie als Paar enger zusammen gebracht.

Wenn Sie sich daran gewöhnt haben, einfach still und in Ruhe zuzuhören, solange Ihr Partner oder Ihre Partnerin spricht, können Sie noch einen Schritt weiter gehen und sich das Ziel setzen, das Gesagte auf einer tieferen Ebene zu erfassen: nicht nur die Worte zu verstehen, sondern auch *die emotionale Bedeutung dessen wahrzunehmen, was Ihr Partner sagt. In unserer stark intellektuell geprägten Welt wird dieser wichtige*

Aspekt der Kommunikation leider stark vernachlässigt und die Opfer dieser Vernachlässigung sind Empathie und Nähe.

Empathie könnte man als die Fähigkeit definieren, die Welt durch die Augen Ihres Gegenübers zu sehen, für einen Moment die eigenen Gedanken und Gefühle, Urteile und Lösungen beiseite zu lassen und die Worte, den Klang der Stimme und die Körpersprache des Anderen zu nutzen, um so genau wie möglich nachzuempfinden, was er gerade erlebt. Empathie heißt, die Haltung Ihres Partners verstehen, ohne das Bedürfnis zu haben, ihn zu verändern. Empathie entwickelt sich nur durch Übung, aber sie stärkt wie kaum etwas anderes und zählt zu den wertvollsten Geschenken, die Sie Ihrem Partner machen können.

Mit Empathie begreifen Sie, dass der Satz: »Wir haben das Spiel gewonnen!!!« nicht nur den Sieg der eigenen Mannschaft über den Gegner bedeutet, sondern auch, dass Ihr Partner vor Glück ganz aus dem Häuschen ist. Die Botschaft lautet nicht allein, dass das eigene Team gewonnen hat, sondern drückt zugleich aus, wie herrlich sich das anfühlt. Die überschwängliche Freude Ihres Partners an diesem Sieg mitzuempfinden, ist eine wichtige Möglichkeit, Nähe zu erleben.

Auf die emotionalen Botschaften Ihres Partners ebenso zu achten wie auf seine Gedanken, wird Ihnen helfen, ihn wirklich zu verstehen, und ihm die Befriedigung verschaffen, sich wahrhaft verstanden zu fühlen. Von Empathie getragenes Verständnis wird Ihre Beziehung, Ihre Intimität, Ihr Gefühl gemeinsamen Erlebens, Ihre Zufriedenheit und sogar Ihre Fähigkeit, Konflikte zu lösen, außerordentlich bereichern.

Die große Bedeutung der Empathie

Empathie ist von allen Mitteln, mit denen man das Wachstum eines Menschen fördern und ihm bei der Lösung seiner Probleme helfen kann, das wirksamste. Das haben schon vor mehr als vierzig Jahren Berenson und Carkhuff sowie andere gut dokumentiert, die die Beziehung zwischen Therapeut und Klient untersucht haben. Sie stellten fest, dass erfolgreiche Therapeuten ihren Klienten sehr viel Empathie entgegenbringen, weil sie erkennen, wie außerordentlich sie Klienten hilft, schwierige Situationen in ihrem Leben zu meistern. Wie die Untersuchungen zeigten, ist das Hilfreichste, was ein Therapeut für das Wachstum eines Klienten tun kann, ihn spüren zu lassen, dass er zutiefst verstanden und nicht verurteilt wird.

Warum sollten wir uns in unserer Liebesbeziehung mit weniger zufrieden geben?

Therapeuten vermitteln Verständnis und Empathie dadurch, dass sie dem Klienten rückmelden, wie sie seine Gedanken und Gefühle verstanden haben. Deshalb hat man diese Art von Zuhören empathisches oder aktives Zuhören oder auch Spiegeln genannt. Es ist der wirksamste Weg, einem anderen Menschen zu helfen, mit seinen Problemen fertig zu werden.

Dennoch entsteht bei dieser Art des Zuhörens leicht der falsche Eindruck, man könne nicht viel Hilfreiches tun, wenn man dem Partner einfach den Kern seiner Botschaft rückmeldet. Das fühlt sich ganz und gar nicht wie eine kraftvolle Unterstützung an! Aber die Daten lassen keinen Zweifel daran, dass Empathie das wirksamste Mittel ist, einem anderen beim Lösen seiner Probleme zu helfen. Daher haben wir diese Fähigkeit stärkendes

Zuhören *(Power Listening)* genannt, um die Tatsache zu unterstreichen, dass sie ein einflussreiches Instrument mit großer Wirkung ist.

Wenn ein Mensch, der uns wichtig ist, Kummer hat, neigen wir alle ganz natürlich dazu, uns auf die Ursache zu stürzen und etwas zu unternehmen, um Abhilfe zu schaffen – wir bieten Lösungen an, stellen Fragen, geben gute Ratschläge und lassen uns konstruktive Kommentare einfallen, kurz, wir tun alles, von dem wir denken, es nütze unserem Gegenüber etwas und helfe ihm aus der Patsche.

Aber was geschieht, wenn Sie versuchen, Ratschläge und andere Arten von »Hilfe« anzubringen? Üblicherweise stoßen Ihre Bemühungen auf Widerstand, manchmal sogar auf energischen. Wenn ich (Ralph) vergesse, einfach nur zuzuhören und anfange, kluge Vorschläge zu machen, sagt Patty jedes Mal: »Versuch mir nicht zu helfen, ich möchte einfach, dass du mir zuhörst!« *Unser Kollege Speed Burch pflegt in solchen Fällen zu sagen: »Die helfende Hand schlägt wieder zu!«*

Obwohl bereits erwiesen ist, dass aktives Zuhören die wirksamste Hilfe ist, die man jemandem zur Bewältigung eines Problems bieten kann, ist es für den Zuhörer nicht immer leicht, dem Wunsch zu widerstehen, etwas mehr zu tun als »bloß zuzuhören«. Es erfordert Disziplin, nicht gleich mit einer der konventionelleren Arten des »Helfens« bei der Hand zu sein, also mit Ratschlägen, Fragen, Lösungen, Trostworten und all den sonstigen Angeboten, die uns geläufig sind und unserem »natürlichen« Gefühl entsprechen, jedoch viel weniger nützen.

Der Haken ist, dass wir dann, wenn unser Partner ein Problem hat, manchmal im Stillen selbst ein Problem haben. Aus vielerlei Gründen hätten wir lieber, dass unser Partner völlig unbeschwert ist. Wenn er Sorgen hat, beschleicht uns ein Gefühl der Hilflosigkeit und wir denken: »Vielleicht kann er mit der Sache nicht so gut umgehen, dass er es bald geschafft hat.« Um aus der unangenehmen Lage herauszukommen, hilflos zuschauen zu müssen, wie unser Partner sich mit einem Problem herumschlägt, juckt es uns in den Fingern, etwas zu unternehmen – und ganz besonders, ihm Ratschläge, Lösungen oder fast jede Art von »Hilfe« angedeihen zu lassen, außer der, die wirklich etwas nützt – akzeptierendes, einfühlsames Zuhören.

Eine gute vorbeugende Taktik besteht darin, Ihrem Partner gleich am Anfang zu sagen, wie hilflos Sie sich fühlen, wenn Sie von seinem Problem hören: »Ich kann kaum still dasitzen und mir deine Schwierigkeiten anhören, ohne eingreifen und sie dir abnehmen zu wollen!« Wenn Sie etwas Derartiges gesagt und somit Ihre Empfindung *ausgedrückt* haben, schwindet Ihr Gefühl der Hilflosigkeit wahrscheinlich ein Stück weit, was es Ihnen leichter macht, Ihrem Gegenüber eine echte Hilfe zu geben – indem Sie aufmerksam auf seine Gedanken und Gefühle hören.

Das Wesen der Gefühle

Gefühle sind nicht rational. Sie kommen ungerufen und folgen nicht den Gesetzen der Logik. Sie sind einfach da. Sie sind unsere elementare, instinktive Reaktion auf alles, was in unserem Inneren und in der äußeren Umgebung geschieht. Unsere Gedanken können sie nicht kontrollieren. Sie äußern sich als Wünsche, Sehnsüchte, Bedürfnisse, Ängste, Sorgen, Freuden und sind starke Antriebe für unser zielgerichtetes Handeln. Die Gründe, die wir für unser Tun angeben, sind oft nicht mehr als die Rationalisierungen unseres Bewusstseins dafür, dass wir ausführen, was uns unsere Emotionen eingeben. Wenn starke Gefühle im Spiel sind, nützt es daher nichts, logisch oder rational sein zu wollen, ehe diese Gefühle zugelassen und angenommen wurden und sich dann wieder wandeln dürfen.

Und sie wandeln sich immer. *Denn Gefühle sind ihrem Wesen nach vergänglich.* Sie kommen und gehen. Wie schmerzhaft, freudig oder sogar frivol Ihre Gefühle auch immer sein mögen, keines dauert ewig. Ihr Wesen ist die Veränderung, und neue ersetzen die alten in unerschöpflicher Folge.

Eine Ausnahme bilden Gefühle, die wir uns nicht wahrzunehmen erlauben – die wir blockieren oder unterdrücken, weil sie uns zu sehr ängstigen, uns zu überwältigend oder unannehmbar vorkommen, als dass wir sie zugeben oder gar mitteilen wollten. In solchen Fällen sagen wir uns: »Das beunruhigt mich zwar, aber ich will nicht darauf eingehen.« Oder: »Ach, ich habe einfach keine Lust, mich damit zu befassen.« Oder: »Komm schon, mach ein fröhliches Gesicht!« Oder: »Ich schäme mich zu sehr, um irgendjemandem zu sagen, wie ich mich wirklich fühle.«

Wenn das geschieht, haben uns diese Gefühle im Griff und machen uns unglücklich, deprimiert oder zornig, manchmal für lange Zeit, und das kann unsere Fähigkeit beeinträchtigen, rational mit den Problemen umzugehen, die ihre Ursache sind.

Indem Sie stärkendes Zuhören anwenden, können Sie verhindern, dass dies Ihrem Mann oder Ihrer Frau zustößt. Wenn Sie ein offenes Ohr haben und einfühlsam zuhören – ohne Fragen zu stellen und Ratschläge zu erteilen –, wann immer er oder sie es nötig hat, dann wird Ihr Zuhören Ihrem Gegenüber ermöglichen, dem Problem auf den Grund zu gehen und sogar die bedrohlichsten Gefühle zu akzeptieren. Damit verlieren sie ihre Macht und können anerkannt und erlebt werden. Und werden sich wandeln!

In gleicher Weise ist auch die hilfreichste Haltung gegenüber Ihren eigenen Gefühlen, für sie offen zu sein und sie zuzulassen, wie immer sie geartet sein mögen. Es ist außerordentlich gut für uns, mit unseren Gefühlen in Kontakt zu sein. Denn dann können wir die Freuden in unserem Leben wirklich genießen und Linderung für unseren Schmerz finden. Und die größte Hilfe, die wir zur Einübung einer so offenen Haltung bekommen können, besteht darin, dass uns unser Liebespartner zuhört, wann immer uns etwas schmerzt.

Tun Sie, was Sie können, um innerlich für Ihre Gefühle offen zu sein und zu der Einstellung zu gelangen, dass Gefühle Zugang zu Ihrem Bewusstsein erhalten sollten, ob Sie sie gerade verstehen oder nicht. Wenn Sie in sich hineinhören und alle Gefühle zulassen, die sich einstellen, ohne sie als gut oder schlecht zu beurteilen, öffnen Sie die Tür zu einem reicheren Leben. Wenn Sie ein breiteres Spektrum von Emotionen in Ihr eigenes Bewusstsein einlassen, fällt es Ihnen auch leichter, auf die Gefühle Ihres Partners zu hören und ihm eine Chance zu bieten, ebenfalls ein vollständigerer Mensch zu werden. Durch diese Vertiefung wird auch Ihre Beziehung reicher; sie hilft Ihnen, eine außerordentliche Intimität zu erlangen.

Die Kunst des Zuhörens

Zur Kunst des Zuhörens gehören mehrere Arten von Fähigkeiten, von einfachen Verhaltensweisen bis hin zu komplexen. Die einfachste ist, Ihren Partner, Ihre Partnerin einfach zum Sprechen anzuregen und dann zuzuhören! Wenn Sie merken, dass er oder sie durcheinander ist oder Kummer hat oder zornig oder aufgeregt ist – wann immer emotional etwas in Bewegung zu sein scheint –, geben Sie Ihrem Gegenüber eine Chance, darüber zu sprechen. Das kann ganz leicht und einfach geschehen: »Was ist los mit dir?« Oder: »Möchtest du gern über etwas reden?« Oder: »Wie war es heute?« Oder: »Du siehst zufrieden aus. Willst du mir erzählen, wieso?« Wenn Sie Ihr Gegenüber zum Sprechen ermuntern, hilft ihm das, in Gang zu kommen.

Sobald Ihr Partner beginnt, seien Sie still und lassen Sie ihm Zeit. Das klappt meist überraschend gut. Obwohl das ein Liebesdienst ist, den man seinem Partner ganz leicht erweisen kann, berichten viele Erwachsene in unseren Workshops, dass ihnen in ihrem ganzen Leben noch niemand so viel Freiraum zum Sprechen gewährt hat! Die meisten Leute warten so ungeduldig darauf, selbst wieder etwas sagen zu dürfen, dass sie ihrem Gegenüber nie ohne Unterbrechung Gehör schenken. Das kann aber eine große Wohltat sein. Schweigen und Aufmerksamkeit vermitteln Respekt und Anteilnahme. Ihr Schweigen gibt Ihrem Partner Gelegenheit, Ihnen seine Gedanken und Gefühle mitzuteilen. Wenn Sie möchten, dass Ihr Partner sich Ihnen öffnet, müssen Sie still zuhören können.

Seien Sie außerdem innerlich ganz bei Ihrem Partner. Richten Sie Ihre gesamte Aufmerksamkeit auf ihn und vermeiden Sie Ablenkungen so gut Sie irgend können – beispielsweise Überlegungen, welchen guten Rat Sie beisteuern könnten. Wenn Sie sich vornehmen, ganz Ohr zu sein, gelingt Ihnen das leicht und ist sehr wirksam.

Ihre Körpersprache ist ein wichtiger Teil des Zuhörens. Sie signalisiert nicht nur dem Sprecher Ihre Aufmerksamkeit, sondern steigert auch Ihre Konzentrationsfähigkeit. Zu einer guten Körpersprache gehört, dass Sie Ihrem Partner zugewandt sitzen, auf gleicher Augenhöhe sind, guten Blickkontakt herstellen, sich dem anderen ein wenig zuneigen, eine geschlossene Haltung wie verschränkte Arme und übereinandergeschlagene Beine vermeiden und einen interessierten Gesichtsausdruck haben. (Vermeiden Sie möglichst, wie ein Therapeut auszusehen!)

Weiterhin können Sie Ihren Partner leicht damit zum Sprechen ermuntern, dass Sie auf das, was er sagt, mit bestätigenden Lauten oder Worten reagieren. In der Sprachwissenschaft nennt man das »Hörersignale«. Mit diesen Signalen teilen Sie mit, dass Sie zuhören und sich auf das Gesagte beziehen, dass Sie ganz bei der Sache sind, ohne sich einmischen zu wollen, und Interesse haben, noch mehr zu hören. Dadurch regen Sie Ihren Partner zum Weitersprechen an. Beispiele: »Ah.« »Oh!« »Toll!« »Wirklich?« »Genau.« »Ich verstehe.« »Oh je!« und das klassische »Hmm«. Diese Äußerungen sind, begleitet von empathischem Kopfnicken, einfache und natürliche Methoden, die Mitteilungsfreude Ihres Partners zu fördern.

Dieses stille Zuhören *(Power Listening Lite)* hilft Ihrem Partner, über das zu sprechen, was er gerade auf dem Herzen hat und sich dabei vor Verurteilung, Ratschlägen und bohrenden Fragen sicher zu fühlen.

Es zeigt Ihr Interesse und Ihre Anteilnahme und lädt zur Kommunikation ein. Es ist eine wohltuende, beziehungsfördernde Fähigkeit, die Sie mit Erfolg *sofort* praktizieren können. Sie brauchen sich nur zu entschließen.

Die höchste Form des Zuhörens

Stärkendes Zuhören *(Power Listening)* ist unser Begriff für das, was andere Autoren als empathisches und aktives Zuhören bzw. Spiegeln bezeichnet haben. Diese äußerst effektive Art des Zuhörens, über die Carl Rogers, Thomas Gordon und andere ausführlich geschrieben haben, ist für eine Beziehung so wirkungsvoll und wohltuend, dass wir Ihnen dringend empfehlen möchten, sie von einem professionellen Kommunikationstrainer zu lernen. Und wenn Sie die Grundlagen des Stärkenden Zuhörens erlernt haben, dann praktizieren Sie es häufig genug, um diese wichtige Fähigkeit in Ihrer Liebesbeziehung zur Verfügung zu haben. (Verschiedene Einrichtungen der Erwachsenenbildung bieten Kurse an.)

Stärkendes Zuhören ist die Krönung des Zuhörenkönnens. Es vermittelt ein Höchstmaß an Verständnis und Empathie, erlaubt Ihrem Partner wie nichts anderes, seine Gedanken und Gefühle auszudrücken, die in ihm aufsteigenden Emotionen zuzulassen und eine Lösung für ein Problem zu finden. Stärkendes Zuhören ist eine Kunst, die professionelle Berater und Therapeuten in ihrer Praxis anwenden, weil die Forschung gezeigt hat, dass es die wirksamste Methode ist, jemandem bei seinen persönlichen Problemen zu helfen. Stärkendes Zuhören besteht darin, dass Sie die Bedeutung der Botschaft Ihres Partners klar genug erfassen, um sie ihm in einer zutreffenden Zusammenfassung rückmelden zu können.

Damit das gelingt, müssen Sie, wenn Ihr Partner über ein Problem spricht, nicht nur seinen Gedanken, sondern auch seinen Gefühlen besondere Aufmerksamkeit schenken. Diese Gefühle können verbal oder nonverbal ausgedrückt werden. Wenn Sie die Botschaft Ihres Partners verstanden haben – Gefühle ebenso wie Gedanken –, dann fassen Sie sie in eigene Worte und melden Sie sie ihm zurück. Wenn Ihnen zum Beispiel Ihr Partner zornig erzählt, dass sein Vorgesetzter ihn zu Unrecht getadelt hat, könnten Sie ihm folgendes Feedback geben: »Es bringt dich wirklich auf die Palme, wenn er so etwas macht!« Hat Ihre Partnerin geschildert, wie sie endlos im Wartezimmer eines Arztes saß, können Sie rückmelden: »Wie frustrierend, so lange warten zu müssen!« Hören Sie Ihre Partnerin jammern, sie hätte nichts anzuziehen, können Sie sagen: »Es nervt dich, wenn du nichts hast, in dem du deiner Meinung nach gut aussiehst!« Haben Sie der Klage Ihres Partners gelauscht, dass er bei einer Gehaltserhöhung übergangen wurde, können Sie sagen: »Es kränkt und frustriert dich, das Gefühl zu haben, dass deine Leistungen nicht gebührend anerkannt werden.«

Es gibt viele Möglichkeiten, Rückmeldungen zu den genannten Beispielen zu geben. Ein perfektes Feedback gibt es nicht, nur ein möglichst korrektes Rückmelden der Signale, die Sie erhalten. Der Schlüssel ist, sich zu fragen: »Was ist der Kern dessen, was mein Partner, meine Partnerin sagt?«

Erfassen Sie den Kern

Um ein einfühlsamer Zuhörer zu sein, müssen Sie sich darauf konzentrieren, den Kern der Botschaft Ihres

Partners zu erfassen, und ihm dann sagen, was Sie gehört haben. Diese Kunst wird manchmal als Spiegeln bezeichnet, weil Sie Ihrem Partner zurückspiegeln wollen, was Sie als zentrale Aussage gehört haben.

Es ist nicht schwierig, die Bedeutung dessen zu erfassen, was Ihr Partner sagt. Die meisten Menschen verstehen mühelos den Kern jeder Botschaft, die sie hören. Neu ist hier, dass Sie dem Partner eine Rückmeldung geben, damit er weiß, dass Sie ihn gehört und verstanden haben, und damit er selbst noch einmal hört, was er gesagt hat. Dadurch wird er seine eigenen Gedanken klarer erfassen und sich oft von belastenden Gefühlen befreien – was es ihm leichter macht, das Problem zu erforschen und eigene Lösungen zu finden. *Außerdem erfährt er dann die tiefe Befriedigung, die aus dem Wissen erwächst, dass der Mensch, an dem ihm am meisten liegt, wirklich weiß, wie er sich fühlt!*

Unterschätzen Sie nicht, wie viel das Ihrem Partner bedeutet! Aus irgendeinem Grund wünschen sich die meisten Menschen sehnlichst, dass ihre Partner verstehen, welche Gefühle sie mit wichtigen Dingen in ihrem Leben verbinden.

Wenn es Ihnen schwer fällt, den Kern der Botschaft Ihres Partners, Ihrer Partnerin zu erfassen, stellen Sie sich folgende Fragen:

Was empfindet mein Partner?
Was denkt mein Partner?
Wie ist es, in der momentanen Situation meines Partners zu sein?
Wie lautet die Botschaft, die er mir mitteilen will?
Was würde ich empfinden, wenn ich so spräche?

Denken Sie daran, dass es keine perfekten Feed-backs gibt, Sie können nur so gut wie möglich die Signale auffangen, die Sie erhalten. *Versetzen Sie sich in Ihren Partner hinein und betrachten Sie die Lage mit seinen Augen. Es kommt nicht darauf an, ob Sie das sinnvoll finden, ob Sie sich an seiner Stelle genauso fühlen würden oder wie Sie mit dieser Situation umgehen würden. Erfassen Sie einfach, wie sie für Ihren Partner ist, und spiegeln Sie es ihm in Ihren Feed-backs, die Sie ihm geben, wenn er Erzählpausen macht.*

Haben Sie seine Botschaft zutreffend zusammengefasst, wird Ihr Partner das anerkennen und bei komplexen Themen weiterreden und einen anderen Aspekt ansprechen. Wenn Sie wieder eine Weile zugehört haben, fassen Sie den Kern der nächsten Gedanken und Gefühle zusammen und melden Sie ihn zurück. Wahrscheinlich folgt ein kurzes »Ja« und die weitere Erörterung des Themas, bis es erschöpft ist. Das geschieht ganz von selbst: Sie wissen, dass Sie am Ende der Geschichte angelangt sind, wenn der emotionale Dampf heraus ist, wenn Ihr Partner ruhiger wird, sagt, er fühle sich jetzt besser, oder einfach das Thema wechselt.

Oft wird sich Ihr Partner bei Ihnen für das Zuhören bedanken. Ihnen mag es dann manchmal so vorkommen, als hätten Sie nicht viel getan, »nur zugehört«. Aber vergessen Sie nicht: Selbst wenn es so aussieht, als wäre das für einen Menschen mit einem schwierigen Problem nur eine bescheidene Hilfe, haben doch viele wissenschaftliche Untersuchungen gezeigt, dass diese Form des Zuhörens das Wirksamste ist, was Sie jemandem bieten können, der in Schwierigkeiten steckt!

Dem möchten wir hinzufügen, dass Stärkendes Zuhören auch angebracht und beziehungsfördernd ist, wenn Ihr Partner ein Gefühl von Glück oder Erfolg erlebt. *Eine der schönsten Freuden einer glücklichen Ehe ist, gemeinsam mit Ihrem Partner die Köstlichkeit eines schwer erkämpften Sieges zu genießen und zu wissen, dass Ihr Partner wirklich versteht, was für ein wunderbares Gefühl das für Sie ist.* Stellen Sie sich vor, Sie wären bei einem Marathonlauf als Erster ins Ziel gekommen und Ihre Partnerin würde nicht richtig begreifen, was für ein überwältigendes Erfolgsgefühl Sie haben. Aber wenn sie Ihren Jubel wirklich hört und ihn freudig spiegelt, erleben Sie außerdem noch die Freude, Ihr Gefühl des Triumphes und des Glücks umfassend mit Ihrer Partnerin teilen zu können. Das verleiht Ihrem Sieg zusätzliche Bedeutung und stiftet in Ihrer Beziehung Nähe.

Warum gekonntes Zuhören wichtig ist

Wenn Sie anderen Menschen etwas erzählen, was Sie bedrückt, sagen diese oft: »Ich hör dir zu. Ich verstehe dich. Ich weiß, wie du dich fühlst. Ich habe das auch durchgemacht« und Ähnliches, um ihr Mitgefühl zu bekunden. *Leider führen diese gut gemeinten Versuche nicht weit. So etwas kann auch jemand sagen, der kein einziges Wort von dem gehört hat, was der andere gesagt hat. Es klingt gut, kann aber hohl sein.* Die Menschen wollen jedoch die Gewissheit haben, dass Ihr Partner sie *wirklich* versteht.

Stärkendes Zuhören, bei dem Sie Ihrem Partner rückmelden, was für Sie der Kern seiner Botschaft ist, liefert ihm den eindeutigen Beweis, dass Sie ihn verstanden haben. Genau danach sehnen wir uns, und aktives Zuhören erfüllt diesen Wunsch. *Folglich wird sich Ihr Partner verstanden fühlen, wenn Sie ihm seine Botschaft zutreffend rückmelden, denn an den Worten, die Sie in Ihren Feed-backs verwenden, an Ihrem Tonfall und Ihrer übrigen Körpersprache kann er zweifelsfrei erkennen, dass Sie wirklich verstehen.*

Und dieses Anteil nehmende Feed-back, das auf Einfühlung und Akzeptanz beruht, ist auch das, was hilft, die schwierigen Gefühle freizusetzen, die wirren Gedanken zu ordnen und Wege für neue Lösungen zu bahnen. Es ist ein drogenfreies Wundermittel. Weil stärkendes Zuhören sowohl Empathie als auch Akzeptanz ausdrückt, enthält es sogar die *beiden* wirksamsten Hilfen, die jemanden bei der Bewältigung eines Problems unterstützen, und spielt eine wichtige Rolle für die Entwicklung einer engen und fürsorglichen Beziehung.

Die Bedeutung des Zuhörens wird gut zusammengefasst von der Schriftstellerin George Eliot, die einmal schrieb: »Wir wünschen uns von den Menschen mehr, dass sie mit uns fühlen, als dass sie für uns handeln.« Wenn wir mit Frustration, Entmutigung, Verwirrung, Verletzung, Trauer oder Schmerz irgendeiner Art kämpfen, möchten wir, dass sich die Menschen – besonders unsere Partner – unsere Gedanken und Gefühle anhören und sich in uns einfühlen, nicht, dass sie versuchen, das jeweilige Problem für uns zu lösen. Jeder möchte sich verstanden fühlen, und ganz besonders wünschen wir uns das von unserem Partner oder unserer Partnerin. Die im stärkenden Zuhören liegende Empathie und Akzeptanz helfen den Menschen, zu wachsen und die Fähigkeit zu entwickeln, mit den Problemen des Lebens fertig zu werden und gleichzeitig ihre Bindung zu stärken. Keine tiefe Partnerschaft kommt ohne die Kunst des Zuhörens aus!

Basic 6
Auf Vergeltung verzichten

»Wenn dein Telefon nicht klingelt, bin das ich.«

Nr. 26 auf der Liste der
Worst Country-Western Song Titles

Sie machen beide eine Diät und verzichten auf Süßigkeiten. Nach einem Abendessen im Restaurant bestellt Ihr Partner ein Stück Schokoladentorte. Sie sagen: »Wenn du dich heute Abend nicht an deine Diät hältst, halte ich mich auch nicht daran.«

Ihre Partnerin hat Sie damit verletzt, dass sie auf Partys vor Ihren Augen heftig geflirtet hat. Sie verkünden, Sie wollten es in Zukunft genauso machen und sagen: »Wie du mir, so ich dir! Wir wollen mal sehen, wie dir das schmeckt!«

Sie beseitigen als Einzige die Spuren der Unordnung, die das tägliche Leben im ganzen Haus hinterlässt. Eines Tages platzen Sie heraus: »Ich habe es satt, die Einzige zu sein, die hier Ordnung schafft, jetzt bist du an der Reihe!«

Das sind Beispiele für verschiedene Handlungsweisen nach dem Motto: Wenn du es tust, kann ich es auch tun ... Wenn du mich verletzt, verletze ich dich auch ... Wenn ich es für dich tue, musst du es auch für mich tun. Erkennen Sie das Muster? Auf dieser Art von Denken beruhen Sprichwörter wie: »Was dem einen recht ist,

ist dem anderen billig.« Oder: »Auge um Auge, Zahn um Zahn.«

Der Haken ist, dass in dieser Logik ein dicker Fehler steckt. Sie ist der Versuch, eine Beziehung von Ursache und Wirkung herzustellen, wo nur eine Korrelation besteht. Schlimmer noch, diese Logik erlaubt Ihnen, Ihre Bedürfnisse zu erfüllen, ohne Verantwortung dafür zu übernehmen – und darin liegt ihre Attraktivität.

Im ersten Beispiel tun Sie so, als ob der Diätfehler Ihres Partners den Ihrigen verursacht oder wenigstens rechtfertigt. Im zweiten genehmigen Sie sich das Flirten unter dem Vorwand, Sie würden damit lediglich Ihre Partnerin bestrafen. Im dritten suchen Sie unter dem Deckmantel der Fairness Schuldgefühle zu wecken, um Ihren Partner zur Mithilfe im Haushalt zu zwingen. Dass Sie sich mit diesen Taktiken um die Verantwortung drücken, fällt nicht weiter auf, weil der Wahlspruch »Wie du mir, so ich dir« fast universell als gerecht angesehen und fleißig angewandt wird. *Aber wenn Sie in Ihrer Ehe eine Politik des »Auge um Auge, Zahn um Zahn« vertreten, dann sind Sie bald einäugige Partner mit Zahnlücken in einer unglücklichen Beziehung!*

Taucht die Versuchung auf, etwas dem Partner in die Schuhe zu schieben, ist es viel klüger, innezuhalten und Ihre Bedürfnisse und Motive unter die Lupe zu nehmen.

Wenn Sie ein Dessert essen, weil Ihr Partner eines isst, benutzen Sie den Ausrutscher Ihres Partners als Rechtfertigung dafür, dass Sie tun, was Sie wollen, ohne Verantwortung dafür zu übernehmen. Kommen Sie mit diesem Schachzug ohne Widerspruch durch, können Sie später sogar Ihrem Partner Vorwürfe machen, wenn Sie ein paar Gramm zugenommen haben! *Diese Art von unsauberem Denken ist schlecht für Beziehungen.* Viel besser ist es, wenn Sie sich eingestehen, dass Sie gern einen Nachtisch essen würden, obwohl das bei Ihrer Diät verboten ist. Dann entscheiden Sie, ob Sie die Gewichtszunahme hinnehmen wollen, die die zusätzlichen Kalorien Ihnen vielleicht bescheren, und zusätzlich noch den kleinen Knick, den Ihre Motivationskurve bekommen könnte, wenn Sie der Versuchung erliegen. Beschließen Sie dann, die Schokoladentorte zu bestellen, haben Sie eine *verantwortliche, klar durchdachte Entscheidung getroffen,* statt die Verantwortung auf Ihren Partner abzuschieben.

In dem Beispiel, in dem es ums Flirten geht, drücken Sie sich gleich in zweifacher Weise um die Verantwortung. Erstens leugnen Sie den offenbar vorhandenen Wunsch, mit anderen zu flirten. Wenn Sie das tatsächlich wollen, müssen Sie sich das eingestehen und die vielfältigen Folgen bedenken, die eine eigenständige Entscheidung dafür oder dagegen nach sich zieht, statt einfach drauflos zu flirten und das Verhalten Ihrer Partnerin als Rechtfertigung für Ihr eigenes Flirten und zudem als Schutzschild gegen ihre Missbilligung zu gebrauchen.

Zweitens benutzen Sie *Ihr* Flirten als Strafe für Ihre Partnerin, weil sie Sie verletzt hat, und außerdem das Flirten *Ihrer Partnerin* als Verteidigung gegen ihren möglichen Ärger. Aus doppeltem Unrecht wird kein Recht. Aus dreifachem Unrecht auch nicht! Es ist viel besser, wenn Sie den Mut aufbringen, Ihrer Partnerin offen und direkt klarzumachen, wie sehr ihr Flirten mit anderen Sie verletzt und ängstigt. Dann können Sie sich anhören, was sie dazu zu sagen hat, und die Sache gemeinsam klären, statt Ihre kostbare Beziehung mit irgendeiner Version von »Wie du mir, so ich dir« zu belasten.

Bei dem Beispiel mit der Hausarbeit gilt: Wenn Sie Hilfe wollen, um das Haus in Ordnung zu halten, bitten Sie darum. Sie sollten sich zu gut dafür sein, Fairness als Waffe zu benutzen, mit der Sie Ihren Liebespartner manipulieren. Bekommen Sie auf Ihre Bitte hin keine Hilfe, haben Sie einen Konflikt, der auf eine kreative Weise gelöst werden muss, die Ihre Bedürfnisse befriedigt, aber auch die Ihres Partners. Eine gute Lösung für ein Problem zu suchen, ist für die Beziehung wesentlich konstruktiver als der Versuch, dem Partner in unfairer Weise eine Gegenleistung abzuringen.

Hat Ihr Partner etwas getan, das Sie geärgert oder verletzt hat, ist es wichtig, dass Sie darüber sprechen. Erst sollten Sie ihn mit seinem Verhalten konfrontieren und sich seine Antwort anhören. Vielleicht sind dann Ihre verletzten Gefühle geklärt und/oder Ihr Partner ändert sein Verhalten. Vielleicht stellen Sie auch fest, dass Sie einen Konflikt haben, den Sie gemeinsam auf eine Weise lösen müssen, die für Sie beide akzeptabel ist. In beiden Fällen kann durch das Konfrontieren, Zuhören und Ansprechen des Problems Nähe an die Stelle des Verletztseins treten, und es können Lösungen gefunden werden, die Ihrer beider Bedürfnissen gerecht werden. »Wie du mir, so ich dir« bringt niemals ähnliche Ergebnisse.

Vergeltung auf der verbalen Ebene

Viele Paare spielen »Wie du mir, so ich dir« nur verbal und übertragen es nicht auf irgendeine andere Verhaltensebene. Aber auch ein solcher verbaler Schlagabtausch kann erstaunlich verletzend sein.

Anne sagt: »Ich habe letzte Nacht kaum ein Auge zugetan, weil du dauernd gehustet hast.« Igor antwortet: »Also, mir dein Geschnarche anzuhören war auch nicht gerade ein Vergnügen.« Das ist verbale Vergeltung: Du sagst etwas Vorwurfsvolles, Kritisches oder Tadelndes zu mir, und ich zahle es dir mit gleicher Münze heim.

Ben sagt: »Es nützt ja doch nichts, wenn ich pünktlich bin – du bist doch nie fertig.« Tina faucht: »Aber wenigstens gehe in an mein Handy – im Gegensatz zu dir!«

Markus sagt: »Warum soll ich mich abrackern, um fit zu bleiben – du lässt dich ja selbst völlig gehen.« Katharina gibt zurück: »Vielleicht würde ich mir mehr Mühe geben, wenn du mich öfter anschauen würdest.«

Diese verbalen Gefechte funktionieren genau wie sportliches Fechten. Sie greifen an, Ihr Partner pariert. Touché! Touché! Aber anders als beim Fechtsport gibt es bei einem verbalen Schlagabtausch immer zwei Verlierer.

Verbales Klingenkreuzen ist eine schnelle und hässliche Variante des Vorwurfspiels – und wie wir bereits erörtert haben, gibt es für eine Beziehung nichts Zersetzenderes als Vorwürfe.

Eine genauere Betrachtung dessen, was bei diesen Wortgefechten gesagt wird, enthüllt jedoch wertvolle Informationen darüber, was jeder Partner fühlt und denkt. Der Haken ist, dass diese wichtigen Daten wie ein Degen verwendet werden, um den Partner zu verletzen, während sie doch in Wirklichkeit wertvolle, emotionsreiche Mitteilungen sind, mit denen man sensibel und sorgfältig umgehen sollte. Aber ihr Gebrauch als Waffe verwundet den Partner und verhindert, dass man sie sinnvoll nutzt und die darin enthaltenen Spannungen löst.

Unterbinden kann man die Wortgefechte, indem man gleich in der ersten Runde aussteigt. Das ist nicht leicht – aber es ist unerlässlich. Wenn Sie eine Kritik von Ihrem Partner hören, ganz gleich, ob milde oder scharf, BREMSEN Sie sich, ehe Sie zum Gegenstoß ausholen, beruhigen Sie sich so gut Sie können und sammeln Sie sich zum stärkenden Zuhören, um die Botschaft Ihres Partners rückzumelden.

Bei den angeführten Beispielen könnten angemessene Feed-backs etwa folgendermaßen lauten:

1. *»Das klingt ganz so, als hätte dich mein Husten letzte Nacht sehr gestört und geärgert.«*
2. *»Das klingt, als sei meine Unpünktlichkeit eine Gewohnheit, die dich schrecklich nervt.«*
3. *»Das klingt, als würde dich mein Aussehen inzwischen wirklich aufregen.«*

Wenn Sie innehalten und der Kritik Ihres Partners mit stärkendem Zuhören begegnen, tut sich eine Tür zu einem ernsthaften und wichtigen Dialog über ein Problem auf, das unterschwellig vielleicht schon länger in Ihrer Beziehung schwelt. Irgendwie kam es jetzt plötzlich auf den Tisch, eventuell in einer Art und Weise, in der es Ihr Partner gar nicht ansprechen wollte. Aber auf alle Fälle handelt sich um etwas, das Ihren Partner stört, brisanten Diskussionsstoff birgt und nach einer befriedigenden Lösung verlangt.

Wenn Sie den Angriff Ihres Partners mit Stärkendem Zuhören parieren – wie vorwurfsvoll er auch immer gewesen sein mag, dann kommt es nicht zu einem Wortgefecht, das Tempo wird gedrosselt und das Gespräch rasch in vorwurfsfreie Bahnen gelenkt. Das eröffnet den Zugang zu einer sinnvollen Diskussion.

Bei den angeführten Beispielen könnte es etwa so weitergehen:

1. *»Na ja, es hat mich tatsächlich gestört, dass du so gehustet hast, und ich bin fast ausgeflippt, weil ich kaum schlafen konnte und wusste, dass ich einen anstrengenden Arbeitstag vor mir hatte.«*
2. *»Ja, stimmt. Ich wollte, ich könnte mich darauf verlassen, dass du pünktlich bist. Das wäre prima.«*
3. *»Ja. Ich hasse es, wenn du so ungepflegt aussiehst. Ich habe eine schöne Frau geheiratet und hätte sie schrecklich gern wieder.«*

Hier zeigt sich, dass Sie und Ihr Gegenüber bereits ein intimes Gespräch über ein wichtiges Thema in Ihrem Leben begonnen haben. Der Dialog geht in die Tiefe; das Problem ist substanziell und Sie stellen sich ihm gemeinsam in offener, ehrlicher Weise. Diese Qualität von Kommunikation und vielleicht auch die Lösung, die Sie für das Problem finden, wirkt sich segensreich auf die Beziehung aus.

Nichts von alledem kann geschehen, wenn Sie auf den ersten Angriff mit einer Retourkutsche reagieren. Statt eines intimen Dialogs, den Sie durch aktives Zuhören herbeiführen können, entwickelt sich dann ein hitziges Wortgefecht, in dem Sie beide Verletzungen einstecken müssen.

Schon Ihre Mutter hat Ihnen bestimmt gesagt: »Aus doppeltem Unrecht wird kein Recht«, und wenn Sie Gleiches mit Gleichem vergelten, gedeiht keine Beziehung.

Beleidigungen und Angriffe schaffen keine Intimität, und sie öffnen auch nicht die Tür zu befriedigenden Lösungen. Wenn Sie hören, dass Ihr Partner etwas Kritisches über Sie sagt, versuchen Sie, es nicht als Angriff zu werten; widerstehen Sie aber auch der Neigung, defensiv zu werden, und verwandeln Sie Ihre Reaktion in eine konstruktive Antwort, indem Sie aufmerksam auf das echte Anliegen hören, das hinter dem Kommentar Ihres Partners liegt. Verwandeln Sie die Versuchung, einen Treffer zu landen, in eine Gelegenheit, emotional zu berühren.

Nötigung zu einer Gegenleistung: eine nahe Verwandte

Drew sagt zu Diana: »Ich massiere dir immer den Rücken, aber du bietest mir nie eine Massage an. Ich finde, du schuldest mir jetzt auch mal eine.« Damit versucht er, sie zu einer Erwiderung seiner Großzügigkeit zu bewegen. Weil Drew ihr viele Massagen gegeben hat, denkt er, er hätte jetzt Anspruch auf eine Gegenleistung, und übt im Namen der Fairness Druck auf Diana aus, ihn auch zu verwöhnen (eine scheinbar »positive« Form der Vergeltung).

Leider wird bei dieser Formel aus einer großzügigen Tat eine Verpflichtung zur Gegenleistung. Auch das funktioniert nicht. Wenn ich dir etwas Gutes tue, verpflichtet dich das nicht, auch mir etwas Gutes zu tun, falls wir nicht vorher eine entsprechende Vereinbarung getroffen haben. Ein Geschenk ist ein Geschenk, ganz gleich, worum es geht. Wenn Bedingungen daran geknüpft sind, ist es keins mehr. Wenn Sie eine Rückenmassage möchten, dann bitten Sie darum. Versuchen Sie nicht, Ihre Partnerin unter Druck zu setzen: »Schließlich habe ich dir schon oft den Rücken massiert, jetzt bist du mal an der Reihe.« Ihre Partnerin muss die Chance haben, frei und ungezwungen auf Ihre Bitte zu reagieren.

Wenn Sie Ihren Partner um etwas bitten, ist es gut, für ein Ja oder ein Nein offen zu sein, falls Ihr Bedürfnis nicht gerade unabweisbar ist – ob Sie nun ein Glas Wasser, Begleitung zu einer Sportveranstaltung oder Sex mit ihm haben möchten. Ironischerweise sind die Menschen dann, wenn es ihnen freisteht, eine Bitte zu erfüllen oder auch nicht, *eher* bereit, sie zu erfüllen. Und das Schöne daran ist, dass das Gewährte dann nicht vom Makel der Nötigung befleckt ist.

Die Quintessenz ist, dass »Wie du mir, so ich dir« in jeglicher Erscheinungsform ein trügerisch fair wirkender Weg ist, sehr unfair zu sein. Erkennen Sie an, dass Sie ein eigenständiger Mensch mit jeweils eigenen Bedürfnissen sind. Übernehmen Sie die Verantwortung für Ihr Verhalten, ohne Fehlverhalten Ihres Partners als Rechtfertigung heranzuziehen; bitten Sie Ihren Partner um das, was Sie möchten, ohne die Fairness als Waffe einzusetzen, um es zu erzwingen, und zahlen Sie nie mit gleicher Münze heim, wenn in Wirklichkeit eine direkte, kongruente Konfrontation nötig ist.

Haben Sie immer den Mut, Ihre eigenen Bedürfnisse zu bekennen und sie direkt zu verfolgen, statt die Krücke der Vergeltung zu benutzen.

Basic 7
Die Gefahren coolen Redens erkennen

Sarkasmus ist ein Service unter vielen,
die wir im Angebot haben.

Anonymus

Der heute übliche Umgangston, der über Sitcoms, Rap und die Chatrooms im Internet verbreitet wird, ist häufig cool, schnoddrig, ironisch und oft sogar eine Spur feindselig. Er ist reizvoll, und es kann Spaß machen, unsere Sätze mit gängigen Floskeln und ironischen Ausdrücken zu garnieren: »Klar doch!« oder »Echt helle der Typ … was?!« oder »Was soll's …«

Aber sobald es um Gefühle geht, sind Ironie, Sarkasmus, Schlagwörter und andere Kennzeichen einer »coolen« Sprechweise tendenziell unklare und gefährliche Kommunikationsmittel, die Fehldeutungen und Verletzungen Tür und Tor öffnen. Wo Emotionen im Spiel sind, birgt jede Botschaft, die nicht geradlinig Ihre ehrlichen Gedanken und/oder Gefühle ausdrückt, das Risiko, Missverständnisse und Verwirrung zu stiften oder Schmerz zu verursachen.

Ironie – bei der Sie das Gegenteil dessen sagen, was Sie ausdrücken wollen, um witzig zu wirken – macht in kleinen Prisen Spaß, wenn nicht gerade die Gefühle hochkochen. Aber wenn jemand in einer Beziehung ständig ironisch redet, wirkt das wie eine Methode, sicher und unerreichbar zu bleiben, statt engagiert zu sprechen und sich verletzlich zu machen. Es fühlt sich emotional kühl an und ist somit das Gegenteil von warm und liebevoll. Kühle bringt keine warmherzige und liebevolle Beziehung hervor, gebrauchen Sie Ironie daher sparsam!

Sarkasmus – schneidende oder spöttische Ironie – ist praktisch immer verletzend. Seine Verwendung hinterlässt Risse und Scharten in den Gefühlen Ihres Partners, untergräbt sein Selbstbewusstsein und Selbstwertgefühl und hat in einer idealen Partnerschaft keinen Platz.

Derzeit moderne »coole« Ausdrücke sind manchmal feindselig und haben oft eine verschwommene Bedeutung. So klingt zum Beispiel »So ein Quatsch!« wie eine coole, sichere Art und Weise, jemandem zu sagen: »Das ist keine gute Idee!«, aber es ist keine klare Botschaft oder Selbstoffenbarung. Es hinterlässt bei Ihrem Partner das vage Gefühl, etwas Falsches gesagt oder getan zu haben, gibt ihm aber keine deutliche Vorstellung, wie oder was oder warum, und macht es ihm schwer, nachzufragen. Am Ende haben Sie vielleicht nur die Gefühle Ihres Partners verletzt und eine Distanz zwischen sich aufgebaut.

Man tut gut daran, sich zu erinnern, dass die Figuren in einer Sitcom im Fernsehen Sarkasmus, Ironie und andere Formen indirekter Kommunikation einsetzen, weil sie cool klingen und Lacher erzielen sollen, ganz gleich, wie schmerzhaft ihre Botschaften für die anderen Figuren im Stück sein mögen. Außerdem sollen sie Missverständnisse erzeugen, die die Handlung aufpeppen. Es kommt ihnen nicht darauf an, wie viel Verwirrung und Schmerz sie verursachen, denn ihre Aufgabe ist es, das Publikum zu unterhalten, und nicht, eine enge und liebevolle Beziehung herzustellen. Mit Ihrem oder Ihrer Liebsten haben Sie ganz andere Ziele, und die erreichen Sie mit viel größerer Wahrscheinlichkeit, wenn Sie klar, offen und direkt kommunizieren. Im Ernstfall ist cooles Reden kein bisschen cool.

Basic 8
Lernen, mit heißen Themen umzugehen

Das Leben wird durch Sexualität weitergegeben.

Anonymus

Sexualität und Geld sind Themen wie alle anderen, über die Paare sprechen müssen, nur ist der emotionale Einsatz höher. Es sind stärkere Gefühle im Spiel, begleitet von Irrationalität, Verletzlichkeit und größerer Sorge, wie das Gespräch ausgehen mag. Deshalb sind diese Themen heiß. Es ist wichtig, dass Sie sich mit Sensibilität und Kommunikationsgeschick wappnen, damit diese wichtigen Fragen zur größtmöglichen Zufriedenheit beider Partner gelöst werden können. Andernfalls haben Sie mit tief verletzten Gefühlen zu tun und Ihre Beziehung leidet beträchtlich.

Der Schlüssel zum Erfolg beim Umgang mit Sexualität, Geld, Schwiegereltern und allen emotional stark aufgeladenen Themen lautet: Entwickeln Sie eine hohe Kommunikationsfähigkeit – Sie sollten aufmerksam und einfühlsam zuhören, Ihre Bedürfnisse und Wünsche ehrlich ungeschützt offenbaren und Konflikte und Unstimmigkeiten auf eine Art und Weise lösen, die für beide Partner akzeptabel ist.

Erkenntnisse, die Ihr Sexleben in Schwung bringen

1. Zum unerlässlichen Grundwissen über Sexualität gehört die Einsicht: *Wenn Sie Lust haben, haben Sie Lust, und wenn nicht, dann nicht.* (Dasselbe gilt für Ihren Partner oder Ihre Partnerin.) Wenn Sie das anerkennen, sind Sie in Kontakt mit der Wirklichkeit.

Und wenn einer von Ihnen ein bisschen Lust hat, dann ist die Tür ein Stückchen offen. Fragen Sie Ihren Partner, was er denn gern hätte. Liebesworte, sanftes Streicheln, Tanzen, Massage ... vielleicht fängt er ja Feuer!

2. *Wenn Sie nicht bekommen, was Sie möchten, dann bitten Sie ganz konkret darum.* Erwarten Sie nicht, dass Ihr Partner Ihre Gedanken lesen oder einen Traum erfüllen kann, den Sie nie erwähnt haben.

Erinnern Sie sich daran, dass Befriedigung in einer Beziehung bedeutet, seine Bedürfnisse erfüllt zu bekommen. Verantwortung für das Aussprechen Ihrer Wünsche zu übernehmen ist der erste Schritt. Es ist wichtig, dass Sie Ihrem Partner die Chance einräumen, Ihnen Lust zu schenken, indem Sie ihm verraten, was Sie beim Sex gern mögen.

3. *Überlassen Sie nicht alles dem Zufall.* Reservieren Sie Zeit für die Liebe, ebenso wie Sie Zeit für den Sport oder das Zusammensein mit Freunden reservieren. Räumen Sie Ihrem Liebesleben seinen legitimen Platz ein, denn es gehört zu den bedeutsamsten, wichtigsten, notwendigsten und erfreulichsten Aktivitäten in Ihrem Leben.

4. *Nutzen Sie die Magie des Neinsagens.* Wenn Sie Lust haben, der/die andere aber nicht, dann probieren Sie Folgendes: Bitten Sie um ein klares »Ja« oder »Nein« auf die Frage: »Möchtest du jetzt im Augenblick mit mir schlafen?« Lautet die Antwort: »Ja«, dann steht Ihnen nichts im Wege. Lautet die Antwort: »Nein«, dann *steigern* Sie den Nachdruck des »Nein«, indem Sie nachfragen: »Bist du sicher?« Nach der Antwort: »Ja, ich bin sicher!«, sagen Sie friedfertig »Okay«. Dann warten Sie ein wenig und fragen noch einmal. Wenn Ihr Partner »Nein« sagen kann *und erlebt, dass Sie das akzeptieren,* wird das überraschend oft dazu führen, dass die Ablehnung erlischt und eine Tür aufgeht, durch die Liebesgefühle hereinfluten können. *Für uns gehört das zu den willkommensten und überzeugendsten Beweisen für die Weisheit, dass alle Gefühle vorübergehen, wenn sie vollständig ausgedrückt werden können und akzeptiert werden. Probieren Sie es aus, es wird Ihnen Spaß machen!*

Sex als nonverbale Kommunikation

Sex ist die intimste Form nonverbaler Kommunikation. Die Körpersprache, die in seinen Diensten steht, reicht von verstohlenen Seitenblicken, einer zarten Liebkosung, einem sanften Kuss, einem Seufzer bis zur völligen Hingabe in leidenschaftlicher sexueller Vereinigung.

So klar und befriedigend nonverbale Kommunikation oft sein kann, ist sie doch mitunter auch missverständlich, sodass Paare die nonverbalen Zeichen, die sie einander geben, falsch deuten können und so zu Annahmen über die Vorlieben und Gefühle des anderen gelangen, die völlig daneben liegen. Zum Beispiel kann in den frühen Stadien der Erkundung, was beide Partner beim Sex gern mögen, einer eine unwillkürliche Bewegung als Abwehr auffassen, die gar nicht als Abwehr gemeint ist; ein Sichentziehen kann der bequemeren Lagerung einer schmerzenden Schulter gelten, statt eine Ablehnung der Avancen des Partners zu signalisieren. Um sich vor solchen entmutigenden und verletzenden Fehldeutungen zu schützen, müssen die Partner den Mut aufbringen, sich *verbal* über unklare nonverbale Signale zu verständigen, um ihre Deutung zu überprüfen und Fehlschlüsse zu vermeiden, die ihre sexuelle Lust einschränken können.

Weil unsere Emotionen so eng mit unserer Sexualität verbunden sind und weil unser Verlangen, dem Partner zu gefallen und von ihm befriedigt zu werden, so groß ist, sind wir in diesem Bereich äußerst verletzlich. Um zu gewährleisten, dass Sie beim Sprechen über Ihre sexuellen Bedürfnisse und Ihre Vermutungen über die des anderen sensibel und aufmerksam genug sind, wählen Sie für Ihre eigenen Mitteilungen Ich-Botschaften, mit denen Sie sich öffnen, und praktizieren empathisches Zuhören, wenn Ihr Partner Ihnen seine Bedürfnisse erläutert. Sexualität ist ein delikater Bereich und dieser Ansatz wird Ihnen helfen, sich tiefe und intime Dinge mitzuteilen sowie Ihre Fähigkeit, sich selbst und Ihrem Partner die tiefsten sexuellen Wünsche zu erfüllen, wesentlich steigern. In dem Maße, in dem Ihre Kommuniktionsfähigkeit wächst und die 16 Basics einer idealen Partnerschaft sich in anderen Bereichen Ihres Lebens auswirken, wird außerdem Ihre sexuelle Beziehung in ganz besonderer Weise von Ihrer vertieften Beziehung profitieren. Ihre Lust wird lustvoller sein, Ihre Unlust unmissverständlich.

Sex als Weg zum Wachstum

Sex ist der denkbar heikelste Balanceakt zwischen Selbstlosigkeit und Selbstsucht. Damit Ihr Liebesleben sowohl für Sie als auch für Ihren Partner oder Ihre Partnerin befriedigend ist, muss Ihnen diese Balance gelingen.

Wenn wir noch jung und heißblütig sind, fällt uns diese Balance leicht. Oft merken wir gar nicht, dass es da etwas zu balancieren gibt – beide sind hungrig und alles ist aufregend und befriedigend. Wenn Sie einige Jahre zusammen sind und die Schubkraft der Hormone etwas zu schwinden beginnt, wird Ihnen klar, wovon wir sprechen.

Um sexuelle Befriedigung zu erreichen, müssen Sie wissen, was Sie wollen, müssen den Mut aufbringen, mit Ihrem Partner darüber zu kommunizieren, und Sie müssen das nötige Selbstbewusstsein haben, Ihre Wünsche in die Tat umzusetzen. All das verlangt Stärke und Selbstvertrauen, und meist finden wir beides nur durch ein Stück Wachstum.

Damit Ihr Gegenüber durch Sie zu sexueller Befriedigung gelangt, braucht es Stärke und Selbstvertrauen auf seiner Seite und Sensibilität und Selbstlosigkeit auf Ihrer Seite. Vielleicht müssen Sie dafür auch die Grenzen dessen überschreiten, was Ihnen von Natur aus leicht fällt. Es ist leicht, die sexuellen Vorlieben Ihres Partners als dumm, unangemessen, unnötig, vulgär, merkwürdig, langweilig oder peinlich abzuqualifizieren. Aber erinnern Sie sich daran, dass Kritik und Vorwürfe nicht weiterhelfen und dass Ihr Partner ein Recht darauf hat, seine sexuellen Bedürfnisse erfüllt zu bekommen – wie jeder Mensch. Wie bei allen Themen, über die Sie sich einigen müssen, geht es beim Sex darum, für beide Seiten akzeptable Lösungen zu finden. In dem Maße, wie Sie wachsen und immer flexibler auf die sexuellen Vorlieben Ihres Partners eingehen können, machen Sie ihm die Erfüllung seiner Bedürfnisse leichter.

Daher hat sexuelle Befriedigung, wie alle Aspekte einer ehelichen Beziehung, letztlich etwas mit Wachstum zu tun. Es kommt darauf an, ein umfassenderes Verständnis für Ihre eigenen Bedürfnisse zu erwerben, zu lernen, darüber zu kommunizieren und sie mit Ihrem Partner zu leben; es geht darum, mehr Mitgefühl und Flexibilität zu entwickeln, um Ihrem Partner zur Erfüllung seiner Bedürfnisse zu verhelfen. Sie sollten auch herausfinden, welche speziellen körperlichen Freuden, die Sie gemeinsam genießen, Ihnen erlauben, sich intensiv als Paar zu erleben.

Sex ist Sex, aber darüber hinaus noch viel mehr. Wie viele andere Aspekte der Ehe gibt Ihnen der Sex eine hervorragende Gelegenheit, als Mensch zu reifen und die Befriedigung zu steigern, die Sie durch Ihre Beziehung gewinnen. Das Buch *Passionate Marriage* von David Schnarch ist eine ausgezeichnete Hilfe, sich sexuell zu definieren und Ihr sexuelles Potenzial in der Beziehung zu Ihrem Partner auszuloten.

Wenn Sie sich dafür entscheiden, sexuelle Frustration vor sich selbst und Ihrem Partner zu verbergen, bringen Sie sich um die Freuden des persönlichen Reifens, der körperlichen Befriedigung und der tiefen Intimität mit Ihrem oder Ihrer Liebsten. Das ist ein hoher Preis dafür, dass Sie nicht genug Courage haben.

Schlüssel zu einem gemeinsamen Umgang mit Geld

1. Machen Sie sich klar, welche Rolle Ängste und Unsicherheiten bei Ihrer Einstellung zum Geld spielen, und entwickeln Sie echtes Mitgefühl für die Unzulänglichkeiten, die Sie und Ihr Partner im Umgang mit Geld haben.

Wir neigen zu der Auffassung, dass wir mit Geld – einer anscheinend logischen, mathematischen und nüchternen Sache – rational umgehen sollten. Oft sagen wir uns, dass wir das auch tun. Aber bei Geld kann das Irrationale leicht die Oberhand gewinnen. Ohne es zu wissen, hat einer der Partner vielleicht Angst, dass er nicht geschickt mit Geld umgehen kann, dass er alles verlieren wird oder nicht genug hat, um die Rechnungen zu bezahlen. Ein anderer kann zu viel ausgeben, um solche Ängste zu leugnen oder zu ersticken oder um zu beweisen, dass er genug hat. Viele Menschen haben intensive irrationale Wünsche, Besitztümer zu haben, die ihren Wert bestätigen. Unserem Partner, der selbst mit seinen finanziellen Dämonen ringt, erscheinen wir vielleicht als Geizkragen, Verschwender oder Egoist, als überkontrollierend, dumm, unmöglich oder verrückt.

Solange Sie die höchst emotionale Natur des Umgangs mit Geld unter dem Deckmantel der Rationalität verstecken, gelangen Sie kaum zu einer vernünftigen Planung. In diesem Bereich Ihrer Beziehung brauchen Sie viel Mitgefühl und müssen geduldig Empathie, Akzeptanz und Echtheit üben, damit Sie in dieser Hinsicht beide an Stärke gewinnen.

2. Im Zusammenhang mit all der potenziellen Verrücktheit, die dem Geld anhaftet, ist es hilfreich, wenn

Sie erkennen, dass Ihr Partner in der Tiefe seines Herzens nichts lieber täte, als alle Ihre Bedürfnisse zu erfüllen und Ihnen alles zu kaufen, was Sie je begehrt haben. Wahrscheinlich fühlt er sich traurig und frustriert, wenn er das nicht kann. Und Sie täten das genauso gern und empfinden dieselbe Frustration. Daher verbirgt sich unter all den rationalen Argumenten die beglückende gute Nachricht, dass Sie beide im Grunde liebend gerne alle Bedürfnisse Ihres Partners erfüllen würden. Tun Sie sich den Gefallen, diese großzügigen Wünsche und Gefühle auch auszudrücken, sie ans Licht zu holen, wo sie Ihrem Bemühen zugute kommen können, Ihr Geld gemeinsam verwalten zu lernen. Sie werden nicht genug Geld haben, alles zu kaufen, aber es tut der Beziehung gut, wenn Sie wissen, dass Ihr Partner Ihnen alle Schätze der Welt zu Füßen legen möchte.

Ina liebte seit jeher Schmuck und wünschte sich von Anatol ein Schmuckstück zum Geburtstag, aber ihr Mann dachte, das sei Geldverschwendung. Außerdem waren sie knapp bei Kasse und es blieb nicht viel übrig, das sie für Luxusgüter ausgeben konnten. Als Anatol darüber sprach, offenbarte er, dass er sich in diesem Punkt in einem Zwiespalt gefangen fühlte: Ina Schmuck zu kaufen erschien ihm wie eine schlechte Verwendung ihrer begrenzten Mittel; keinen Schmuck zu kaufen barg das Risiko, dass er seine Frau schwer enttäuschte. Durch stärkendes Zuhören verstand Ina, in welcher Zwickmühle Anatol saß, und entwickelte Mitgefühl für ihn. Als Anatol hörte, dass seine Frau ihn verstand, wich ein großer Teil seiner Spannung von ihm und er konnte seinerseits erkennen, dass er trotz seiner persönlichen Einstellung zu Schmuck

Ina eine Freude machen wollte. Wenn Schmuck sie glücklich machte, dann sollte sie welchen haben. Dieses gegenseitige Verstehen und die Achtung für die Bedürfnisse des anderen fühlte sich für beide gut an. Obwohl Anatol zu diesem Geburtstag schließlich keinen Schmuck kaufte, verlor dieses Thema dank der tiefen Verständigung der beiden seine Rolle als Quelle großer Schwierigkeiten und Irritationen.

3. Richten Sie, soweit möglich, den Umgang mit Geld gemeinsam mit Ihrem Partner so ein, dass Sie das Gefühl haben, beide daran beteiligt zu sein. Es ist in Ordnung, einige getrennte Rücklagen für besondere Zwecke zu haben. Aber übersehen Sie nicht die Möglichkeiten zu emotionaler Nähe, die daraus erwachsen kann, dass Geld einen gemeinsamen Eckpfeiler Ihrer Partnerschaft bildet. (»Wir haben genug Geld für eine Anzahlung gespart!« »Es reicht für einen Urlaub!«) Gemeinsames Geld zu haben und gemeinsam über seine Verwendung zu entscheiden gibt Ihnen die Chance, Ihr Gefühl der Nähe und Verbundenheit zu stärken. Geld kann ein Katalysator für intensive Kommunikation und Nähe sein. Nutzen Sie es als eine Möglichkeit, Ihre Beziehung zu vertiefen!

Ralph erbte vor einigen Jahren von seinen Eltern etwas Geld und investierte es mit einigem Erfolg, hatte aber stets die Sorge, er lege es nicht gut genug an. Nachdem ich mir seine Klagen darüber angehört und eine Weile über seinen Vorschlag nachgedacht hatte, ich solle die Verwaltung seines Erbes übernehmen, stimmte ich zu. Das eröffnete mir ein ganz neues Betätigungsfeld und war eine faszinierende Lernerfahrung. Da nach kalifornischem Recht geerbtes Geld kein gemeinsames Eigentum ist, gehört mir Ralphs Geld juristisch gesehen gar nicht, und dennoch erleben wir dadurch ein wunderbares Miteinander. Die Tatsache, dass im ersten Jahr meiner Zuständigkeit seine Papiere erheblich an Wert gewannen, war für uns beide eine große Befriedigung – bei mir hob sie das Selbstwertgefühl und Ralph bescherte sie Seelenfrieden bezüglich seiner finanziellen Sicherheit.

In Herzensverbindung bleiben

Zum Schluss noch ein Gedanke zu den wandelbaren Bereichen Sex und Geld: Behalten Sie stets im Auge, wie wichtig es ist, die *Herzensverbindung* zu Ihrem Partner aufrechtzuerhalten. Das ist das unsichtbare Band zwischen Ihren Herzen, das unablässig sagt: *»Was immer auch geschieht, unsere Liebe, unsere Beziehung, unsere Anteilnahme am anderen bleiben lebendig und sind das, was zählt.«* Sich dessen bewusst zu bleiben und es unversehrt zu erhalten wird Ihnen helfen, in anteilnehmender Weise zu kommunizieren, und schützt die Beziehung, solange Sie diese manchmal schwierigen Themen bearbeiten.

Basic 9
Liebe so ausdrücken, dass sie ankommt

Tu deinem Partner, was dein Partner sich von dir wünscht.

Harville Hendrix

Mein (Pattys) Vater hatte eine Vollzeitstelle und dazu noch ein Geschäft, das er von zu Hause aus betrieb. Sein Arbeitstag begann morgens um 8 Uhr und endete abends erst, wenn ich schon im Bett lag. Er arbeitete auch samstags. Nie schien er Zeit für mich zu haben, immer hatte er »im Augenblick zu viel zu tun«. Nie wollte er über etwas Persönliches oder über seine Gefühle sprechen. Erst kurz vor seinem Tod sagte er mir einmal, dass er mich liebe. Meine ganze Kindheit hindurch versuchte ich seine Anerkennung zu gewinnen, wollte ihm möglichst wenig im Weg sein und fühlte mich ungeliebt.

Hat mich mein Vater wirklich geliebt? Unbedingt. Er liebte mich sehr und er zeigte es mir auf die beste Art und Weise, die er kannte – indem er hart arbeitete, um die Familie zu ernähren und um so viel zusätzlich zu verdienen, dass meine Schwester und ich auf gute Schulen gehen konnten. Fühlte sich das für mich wie Liebe an? Kein bisschen! Ich sah diese Anstrengungen als ein mir zustehendes Recht an – jeder Vater sollte seine Tochter ernähren und dafür sorgen, dass sie eine gute Schulbildung bekam! Dass mein Vater seine ganze Kraft dafür einsetzte, eben dies für mich zu tun, zählte nicht viel. Nur ganz vage fühlte ich mich von ihm geliebt, und ich litt viele Jahre lang darunter, bis mir eine Therapie half, zu verstehen und anzunehmen, wie mein Vater seine Liebe für seine Familie ausdrückte. Es ist traurig, dass seine Art, mir seine Liebe zu zeigen, erst einige Jahre nach seinem Tod wirklich mein Herz erreichte.

Warum? Gary Chapmans Buch *Die fünf Sprachen der Liebe* identifiziert die Liebessprache meines Vaters als »Hilfsbereitschaft«, während meine Liebessprachen »Zweisamkeit« und »Lob und Anerkennung« sind. Mein Vater zeigte mir seine Liebe auf die Art, die für ihn Bedeutung hatte, während ich eine ganz andere emotionale Sprache sprach. Wenn einem das in der Kindheit passiert, leidet man unter Gefühlen der Trauer, des Mangels, der Niedergeschlagenheit, des Selbstzweifels, des Schmerzes, der Wut, der Verwirrung und des Grolls.

Wenn in Ihrer Ehe die Liebessprachen ähnlich schlecht zusammenpassen, können Sie als Erwachsene erkennen, dass Ihnen mehrere Optionen offen stehen, und wenn sie ein Übermaß an Frustration erlitten haben, weil Sie sich von Ihrem Partner nicht geliebt fühlen, können Sie den Weg der Scheidung wählen. Enttäuschungen im Bereich der Liebessprache sind die Quelle zahlreicher Scheidungen, zu denen es sonst vielleicht nicht gekommen wäre.

Zwar haben viele Paare nicht automatisch dieselbe Liebessprache, aber emotionale Entfremdung und Scheidung sind deshalb nicht nötig, wenn Sie lernen, Ihre Liebe so auszudrücken, dass sie ankommt – in einer Sprache, die Ihr Liebster oder Ihre Liebste versteht.

Um von ihm bzw. ihr zu erfahren, welche Sprache das ist, setzen Sie Ich-Botschaften und stärkendes Zuhören ein und klären Sie die Liebessignale, die für Sie beide von Bedeutung sind. So können Sie die befriedigendsten Wege finden, einander Ihre Liebe zu zeigen.

Chapman identifiziert fünf Liebessprachen: Lob und Anerkennung, Zweisamkeit, Hilfsbereitschaft, Geschenke und Zärtlichkeit. Wortes des Lobes und der Anerkennung sind die klassische Liebessprache, mit der die meisten Menschen vertraut sind, und spielen oft eine wichtige Rolle bei den Ritualen des Werbens – Beispiele sind Sätze wie »Ich liebe dich« oder »Du bist wunderschön«. Häufig begleiten und definieren sie das Gefühl des Verliebtseins und der Zusammengehörigkeit. Auch die übrigen Liebessprachen – Zeit gemeinsam verbringen und etwas Schönes miteinander tun, dem Partner mit praktischen Aufmerksamkeiten helfen, ihn mit unerwarteten Liebesgaben überraschen, ihn berühren, liebkosen oder mit ihm schlafen – sind für liebende Paare allesamt Wege, Ihre Zuneigung auszudrücken. Alle Sprachen sind gleichermaßen gültig, aber da ein jeder von uns einzigartig ist, spielt es eine große – eine entscheidende – Rolle, dass Sie von Ihrem Partner, Ihrer Partnerin lernen, welche Ausdrucksformen von Liebe, Verbundenheit und Anteilnahme für ihn, für sie, die größte Bedeutung haben. Es hat keinen Sinn, einfach blindlings zu geben und zu geben, wenn Ihre Liebessprache nicht das Herz Ihres Gegenübers erreicht.

Wie viele Bräute heiratete ich eine Miniaturausgabe meines Vaters – Ralph ist schon beinahe arbeitssüchtig, und ich fühle mich leicht im Stich gelassen, wenn er sich Stunde um Stunde mit Sorgfalt und Liebe den scheinbar endlosen Aufgaben widmet, die unser Haus und unsere Arbeit erfordern – dem gemeinsamen Schreiben und Redigieren dieses Buches, dem Entwurf von Prospekten, der Aktualisierung der Website, der Buchführung für unseren Haushalt und regelmäßig Dutzenden von Projekten. Fühle ich mich aufgrund all dieser Hilfeleistungen geliebt? Natürlich nicht! Ich würdige zwar die Arbeit, die er tut, aber solange er damit beschäftigt ist, fühle ich mich häufig verlassen, unglücklich und nicht geliebt, sooft er zu viele Überstunden in diese Dinge steckt – Nachklang und Schatten meiner schmerzhaften Erfahrungen als Kind und ein Dauerbrenner in vielen Ehen.

Dank unserer guten Kommunikation erkennen Ralph und ich zum Glück die Gefahren dieser Kombination seiner Neigung, unablässig zu arbeiten, und meiner Tendenz, mich dadurch verlassen zu fühlen. Also halten wir ganz offiziell jedes Wochenende eine gewisse Zeit frei, in der wir irgendetwas Besonders zusammen unternehmen – »herumgondeln«, wie wir das nennen. Manchmal machen wir einen ausgeklügelten Plan und fahren an einen besonderen Ort, manchmal gehen wir einfach am nahe gelegenen Strand spazieren, manchmal öffnen wir nur das Verdeck unseres Autos, wenn wir etwas erledigen. Was immer wir beschließen, tun wir dann in dem Bewusstsein, dass dies etwas ist, das uns beiden als Paar Spaß macht, dass es nicht zu unserem Alltagsleben gehört und uns Gelegenheit gibt, unsere Nähe und Liebe zu erleben. Damit gibt Ralph mir die Zeit der Zweisamkeit, die ich brauche, um mich geliebt zu fühlen.

Offensichtlich ist eine der bevorzugten Liebessprachen von Ralph die Hilfsbereitschaft. Nachdem unsere Beziehung schon einige Jahre gedauert hatte, erfuhr ich zu meinem Schrecken, dass sein größter Wunsch an mich war, dass ich ihm jeden Abend ein leckeres Abendessen kochte. Ich war entsetzt, denn ein köstliches Menü auf den Tisch zu bringen, passte überhaupt nicht zu meinem Selbstbild. (»Ich bin eine Frau mit einem qualifizierten Beruf und kein Heimchen am Herd ... es ist unter meiner Würde, meine Energie in Küchenarbeit zu stecken!«) Es war ein Horror für mich, seine Sehnsucht nach diesem Liebesdienst zu entdecken.

Aber als ich ihm zuhörte, erkannte ich, wie echt und tief sein Wunsch war – sein Vater und sein Großvater hatten ein Restaurant gehabt, das für seine Küche berühmt war, seine Mutter war eine exzellente Köchin gewesen, und ein gutes Abendessen gab ihm das Gefühl, rundum geliebt zu sein. Nachdem ich eine Weile mit mir gerungen hatte, beschloss ich, in diesem Punkt Ralph nachzugeben (s. Basic 12 über das Nachgeben), ihm regelmäßig am Abend etwas Gutes zu kochen, und irgendwie wurde ich, wie durch ein Wunder, rasch eine bessere Köchin und Ralph ein viel glücklicherer Ehemann. *Ein* Weg zu Ralphs Herz geht auf alle Fälle durch den Magen – und ich konnte mich als Partnerin meines so geschätzten Mannes nicht gut fühlen, wenn ich mir nicht Mühe gab, meine Liebe zu ihm in der Weise auszudrücken, die ihm derart viel bedeutete – durch diesen Liebesdienst.

Paare in der Anfangsphase ihrer Beziehung driften oft rasch wieder auseinander, wenn ihre Liebessprachen zu unterschiedlich sind. Sie haben dann das Gefühl, sie seien »zu verschieden«, und ihre Beziehung stagniert. Andere entdecken diese Unterschiede erst, wenn sie geheiratet haben oder in eine gemeinsame Wohnung gezogen sind.

Thomas und Maria zogen in eine gemeinsame Wohnung, nachdem sie sich zwei Jahre kannten, in denen sie an der gleichen Universität studierten. Ihre Beziehung war intensiv und der Umzug war ein Symbol für die

Ernsthaftigkeit ihrer Absichten. Kurz nachdem sie einen gemeinsamen Haushalt gegründet hatten, veränderte sich Marias Verhalten. Sie war nicht mehr die liebevolle und aufmerksame Frau, die Thomas vom Studium her kannte, sondern begann sehr viel Energie in den Haushalt zu stecken. Thomas hatte das Gefühl, mit einem ganz anderen Menschen zu leben – und er vermisste die liebende und aufmerksame Frau, die er gewohnt war. Thomas teilte seine Frustration und seine Betrübnis Maria mit und erfuhr zu seinem Erstaunen, dass sie versucht hatte, ihm ihre Liebe dadurch zu zeigen, dass sie ihm ein gemütliches Zuhause schuf, wie ihre Mutter es für ihren Vater getan hatte. Nachdem er sie darüber aufgeklärt hatte, dass es ihm nicht so wichtig war, wie sauber das Haus und wie gut seine Hemden gebügelt waren, war Maria bereit, ihre häuslichen Aktivitäten zu drosseln und mehr Zeit mit Thomas zu verbringen, die sie angenehmen Dingen und der Liebe widmeten.

Ihre Liebe so ausdrücken zu lernen, dass sie bei Ihrem Partner ankommt, ist unerlässlich. Dabei kommen viele von uns nicht um ein gewisses Maß an Überwindung herum, weil wir dafür in einer Sprache kommunizieren müssen, die uns fremd erscheint. Abends zu kochen war ganz sicher nicht der Weg, den ich mir ausgesucht hätte, um Ralph meine Liebe zu zeigen ... und meine erste Reaktion war, dieses Ansinnen rundweg abzulehnen.

Ehe und Wachstum

Damit man nicht in einem derartigen Widerstand stecken bleibt, ist es hilfreich, sich zu erinnern, dass die

Ehe ein wichtiger Ansporn zum Wachsen ist. In der Ehe bewältigen wir in einem Zeitraum von vielen Jahren Tausende von Situationen gemeinsam mit einem anderen Menschen. Tiefe und Breite dieser Erfahrungen stellen eine unablässige Herausforderung dar. Wir können nicht erwarten, dass unsere Persönlichkeit zu dem Zeitpunkt, an dem wir uns als Paar zusammentun, schon genügend gereift ist, um allen Bedürfnisse der Beziehung, die im Laufe der Jahre entstehen, gewachsen zu sein. Unsere Persönlichkeit muss sich wandeln – wir müssen wachsen, weiter werden, neue Fähigkeiten erlernen, neue Kommunikationswege finden, mehr Verständnis für andere entwickeln und sie besser annehmen lernen, unser intellektuelles und emotionales Repertoire erweitern, lernen, unserem Partner in der Weise Liebe zu schenken, die ihm wirklich wichtig ist.

Eine engagierte Beziehung einzugehen bietet uns eine der größten Chancen unseres Lebens, uns als Menschen umfassend zu entwickeln. Wenn wir auf die Herausforderungen nicht angemessen reagieren, berauben wir unseren Partner und uns selbst der Möglichkeit, die Fülle, den Reichtum und die Schönheit kennen zu lernen, die in uns liegen. Hätte ich auf meinem Standpunkt beharrt, dass man von mir als Frau mit anspruchsvollem Beruf nicht erwarten könne, dass ich am Herd stehe und koche, hätte ich die Möglichkeit verschenkt, Ralph meine Liebe in einer Weise zu zeigen, auf die er größten Wert legte. Ich hätte auch die Chance vertan, meine menschlichen Fähigkeiten und mein Selbstbild zu erweitern sowie von einer einschränkenden Definition meiner selbst zu einer komplexeren zu gelangen (dass ich unter anderem eine Karrierefrau bin, die gut kochen kann!). Meine Bereitschaft, Zuneigung in dieser Weise zu zeigen, die Ralph wichtig war, erwies sich als Gewinn für uns beide.

Natürlich sind Ihnen die neuen Dinge, die Sie anfangen, erst einmal fremd. Wenn Französisch nicht Ihre Muttersprache ist, finden Sie Ihre ersten Versuche, sich in dieser Sprache auszudrücken, unbeholfen bis grotesk. Sie kommen sich komisch vor. Sie fühlen sich in dieser Sprache nicht zu Hause und Sie haben Angst, sich lächerlich zu machen, weil Sie sie so schlecht sprechen. So ist es mit jedem neuen Verhalten. Wenn Sie von Ihrem Partner mehr darüber lernen, welche Liebessprache er sich von Ihnen wünscht, dann wird es Ihnen wahrscheinlich so vorkommen, als sollten Sie eine Fremdsprache sprechen. Sie sollten darauf gefasst sein, das für unnatürlich zu halten, und Sie sollten einen Weg finden, das Fremdheitsgefühl zu überwinden.

»Warum muss ich im ganzen Haus staubsaugen, um ihr meine Liebe zu zeigen, wenn ich ihr viel lieber eine Massage geben würde?«

»Warum muss ich ihr dauernd sagen, dass ich sie liebe? Ich dachte, wenn ich ihr Auto repariere, drücke ich damit genau dasselbe aus!«

»Warum müssen wir zu dieser Sportveranstaltung gehen? Könnten wir nicht einfach zusammen auf dem Sofa sitzen und reden?«

»Warum will sie Blumen? Ich sage ihr doch jeden Tag, dass ich sie liebe!«

Warum? Weil Ihr Gegenüber dann, wenn Sie Ihre Liebe auf eine Weise ausdrücken, die ihm wichtig ist, am meisten davon hat und dann auch Ihre Bemühungen maximalen Erfolg haben. Sie sollten nicht unterschätzen, wie wirksam das ist! Und Ihr Liebster, ihre Liebste verdient es, wenigstens einen Teil Ihrer Liebe und Fürsorge in der Sprache zu empfangen, die er/sie am liebsten hat.

Denken Sie daran, dass das Leben niemals statisch ist und Ehe Wachstum erfordert. Lernen Sie neue Sprachen sprechen, lernen Sie vielfältige Wege, sich auszudrücken, wachsen Sie selbst und Sie werden das Glück Ihres Partners mit Ihrer Liebe wachsen sehen.

Basic 10
Verhalten verändern, nicht Ihren Partner

Ich bin zwei Jahre lang mit dem Mädchen ausgegangen – und dann fängt sie an zu nerven: »Ich will wissen, wie du heißt ...«

Mike Binde

Kurz gesagt: Sie schaffen es nicht. Ihr Partner ist ein eigenständiger Mensch und hat ein Recht darauf, zu sein, wie er ist. Fortwährende Versuche, jemanden zu ändern, führen zu Groll und sogar zu einer Verfestigung von Verhaltensweisen und Eigenarten, die Sie nicht mögen. Die meisten Versuche, den Charakter des Partners zu ändern, sind von vorn herein zum Scheitern verurteilt. Erwachsene ändern sich nicht nennenswert.

Nehmen wir einen klassischen Fall von unangebrachtem Optimismus: ein Mädchen verliebt sich in einen hübschen, charmanten, sexuell attraktiven Mann, der auch trinkt, spielt und eine Schwäche für die Damen hat. Sie fühlt sich wegen all seiner aufregenden Eigenschaften zu ihm hingezogen und redet sich ein, dass sie den Rest in den Griff bekommen und den Mann in einen perfekten Partner verwandeln kann. Wenn die Flitterwochen vorbei sind, stellt sie zu ihrem Kummer fest, dass er – trotz aller Versuche, ihn zu ändern – weiterhin genauso ist wie vorher, mit all seinen guten und seinen schlechten Seiten.

Die beste Verteidigung gegen eine solche Katastrophe ist natürlich, von vorn herein einen Partner zu wählen, dessen Charakter Ihren Vorstellungen besser entspricht.

Aber selbst wenn Sie Ihren Partner sorgfältig geprüft haben, ehe Sie eine Bindung eingegangen sind, dürften Sie einige Zeit nach den Flitterwochen wohl feststellen, dass Ihr Herzallerliebster doch die eine oder andere Eigenschaft hat, die Sie nicht restlos begeistert.

Was können Sie dann tun?

Die Bedeutung der Akzeptanz

Machen Sie sich als Erstes klar, dass Ihr Partner oder Ihre Partnerin ein komplexer Mensch mit einem riesigen Repertoire an Eigenschaften und Verhaltensweisen ist, von denen Sie die meisten mögen und von denen Sie keine mit der Heckenschere abzwicken können. *Ihr Partner ist nur als Pauschalpaket zu haben.* Am besten betonen Sie das Positive, führen sich vor Augen, was Sie für einen guten Griff getan haben, und machen aus dem, was Sie auszusetzen haben, keinen Elefanten. *Mit einem Wort: Lernen Sie Akzeptanz!*

Die Therapieforschung hat klar ergeben, dass ein Klient in einem Klima der Akzeptanz, in dem er sich sicher fühlt und ohne Angst vor Kritik der sein darf, der er ist, erstaunlich wachsen und sich verändern kann. Im Laufe der Jahre, die Sie zusammenleben, kann Ihre Akzeptanz des Partners ein ähnliches Maß an Reife und Veränderung herbeiführen. Zwar wird Ihr Partner die Richtung dieses Wachstums bestimmen, nicht Sie, und dennoch wird jeder Fortschritt dazu führen, dass Sie eine Beziehung mit einem reicheren Menschen haben.

Ironischerweise erzeugen direkte Versuche, eine Veränderung zu bewirken, Widerstand, während echte Akzeptanz manchmal die Tür zu einer Veränderung öffnet, selbst in heiklen Punkten. Diese Dynamik ist paradox, aber wohl bekannt.

Das Paradox löst sich auf, wenn Sie sich klarmachen, dass Druck meistens Gegendruck auslöst. »Wogegen Sie Widerstand haben, das hält sich.« Mit anderen Worten: Druck in Richtung Veränderung erzeugt paradoxerweise Widerstand gegen Ihren Druck. Die Eltern von Teenagern wissen das nur allzu gut. Aber es gilt genauso für Erwachsene.

Johannes lag seiner Frau Sara beständig in den Ohren, sie solle abnehmen. Sara wehrte sich und behauptete, sie sei nur ein bisschen mollig und das stünde ihr gut; Johannes solle sie in Ruhe lassen. Schließlich gab Johannes auf. Den Rest der Geschichte können Sie sich denken: Als ihr Mann aufhörte, sie wegen ihres Gewichts in die Mangel zu nehmen, konnte Sara selbst entscheiden, wie viel sie wiegen wollte, und nach einer Weile war das Übergewicht verschwunden.

Laura und Stefan lebten ohne Trauschein fünf Jahre lang zusammen und die meiste Zeit bestürmte Laura Stefan, er solle sie heiraten. Er weigerte sich standhaft und sagte immer: »Irgendwann mal.« Laura war frustriert, Stefan fühlte sich in die Enge getrieben. Schließlich erkannte Laura, dass ihr ständiges Drängen nichts bewirkte,und beschloss, sich damit zufrieden zu geben, dass sie zwar nicht verheiratet waren, aber ansonsten eine gute Beziehung hatten, an der sie viel Freude hatte. Sie suchte Stefan nicht mehr zur Heirat zu bewegen. Sie können sich auch das Ende dieser

Geschichte denken: Ein paar Monate später machte Stefan Laura einen Heiratsantrag, und ihr Wunsch ging doch noch in Erfüllung.

In unserer eigenen Beziehung kenne ich, Patty, persönlich die langfristige Wirkung der Akzeptanz, weil sie zu Ralphs ausgeprägtesten Tugenden gehört. Ich habe viele Jahre die wohlige Wärme dieser Eigenschaft genossen. Die Folge war, dass ich eine stärkere und glücklichere Frau geworden bin – ich kann andere besser akzeptieren, mich selbst besser annehmen und habe mehr Vertrauen in meine Fähigkeit, die Probleme in meinem Leben zu bewältigen. Und ich bin ein weiter entwickelter Mensch, mit dem Ralph eine befriedigendere Ehe führen kann.

Ändern Sie Verhaltensweisen, die Sie stören

Manchmal werden Verhaltensweisen Ihres Partners für Sie inakzeptabel sein. Zum Glück sind – wie in Basic 4 »Verstehen, was Verhalten ist« beschrieben – die Verhaltensweisen Ihres Partners, also das, was er tut oder sagt, viel leichter zu ändern als Charakterzüge oder Einstellungen.

Ihr Mann kommt von der Gartenarbeit ins Haus und tritt mit matschigen Schuhen auf den Teppich.
Ihre Frau kritisiert Sie scharf, weil Sie eine Rechnung nicht pünktlich bezahlt haben.
Ihr Mann gibt das für Lebensmittel vorgesehene Geld für Lottoeinsätze aus.
Ihr Partner vergisst Ihren Geburtstag – kein Geschenk, keine Karte, keine Feier.
Ihre Partnerin bemächtigt sich der Fernsteuerung des

Fernsehers und schaut sich meistens Programme an, die Sie nicht interessieren.

Wenn uns das Verhalten unseres Partners aufregt, richtet sich unsere erste Reaktion tendenziell danach, wie unsere Eltern unser Verhalten korrigiert haben, wenn wir ihnen Verdruss bereiteten – meistens mit Vorwürfen, Anweisungen oder Moralpredigten. »Mach das augenblicklich sauber!« »Wie kannst du nur so nachlässig sein?« »Das darf ja nicht wahr sein, dass du das Geld für das Essen verspielst!« »Denkst du eigentlich jemals an jemand anderen als dich selbst?« »Ist es dir denn völlig schnuppe, was ich gern sehen möchte?« Diese Tendenzen sind tief in uns verankert und werden sehr rasch aktiviert, wenn unser Gegenüber unerwartet etwas tut, das uns aufbringt.

Wenn wir diesem Nachhall aus der Vergangenheit erliegen und Vorwürfe machen, wird die Reaktion des anderen wahrscheinlich ganz ähnlich ausfallen wie einst auf die Vorhaltungen seiner Eltern – er wird sich wehren, streiten oder schmollen. Diese Art von Interaktion trägt nichts zu einer idealen Partnerschaft zwischen Erwachsenen bei. Wie können wir mit Verhalten, das uns missfällt, auf klügere Weise umgehen?

Der erste Schritt ist, sich zu erinnern, dass es die Gefühle Ihres Partners verletzt, ihn ärgert und seinen Widerstand weckt, wenn Sie sein Verhalten als Charakterzug klassifizieren – unsensibel, egoistisch, nachlässig, rücksichtslos, unmoralisch, unhöflich etc. Und wenn Sie wie ein strenger Vater oder eine strenge Mutter im Befehlston Anweisungen erteilen, wird es noch schlimmer.

Viel besser ist es, von dem Wissen auszugehen, dass Sie in einer liebevollen Beziehung leben und dass Ihr

Partner Sie nie mit Absicht verletzen würde. Das bremst Ihren Impuls, Vorwürfe zu erheben. Dann können Sie sich klarmachen, dass Ihr Partner offenbar nicht gewusst hat oder aus irgendeinem Grund nicht daran gedacht hat, welche negativen Auswirkungen sein Verhalten auf Sie haben würde. Das ändern Sie ganz einfach, indem Sie es ihm sagen – Sie teilen ihm die Wirkungen seines Verhaltens auf Sie mit und vertrauen darauf, dass er positive Schritte unternehmen wird, die Situation in Ordnung zu bringen.

»Frank! Der Teppich wird ja ganz schmutzig! Ich fürchte, er wird hässliche Flecken bekommen und wir müssen ihn reinigen lassen!«

»Aua! Es fühlt sich scheußlich an, wenn du mich so kritisierst. Und obendrein habe ich mir selber schon Vorwürfe gemacht, weil ich so blöd war. Ich fühle mich richtig mies.«

»Peter, wenn das Geld, mit dem ich für Lebensmittel gerechnet habe, für etwas anderes ausgegeben wird, bin ich schockiert und gerate in Panik, weil ich nicht weiß, was wir dann opfern müssen, damit wir das Essen für diese Woche bezahlen können.«

»Wenn du meinen Geburtstag vergisst, habe ich das Gefühl, dass dir nichts an mir liegt und dass ich dir ganz gleichgültig bin! Ich kann dir gar nicht sagen, wie traurig mich das macht.«

»Wenn du die Fernbedienung an dich reißt und alle Programme bestimmst, dann verpasse ich das, was ich gerne sehen möchte, und muss mir Sachen anschauen, die mich nicht besonders interessieren, oder irgendwo anders hingehen, um zu lesen, und ich merke, dass mich das zu ärgern beginnt.«

Das sind »Ich-Botschaften« im Gegensatz zu »Du-Botschaften«. Mit ihnen schildere ich, was in mir vorgeht, und nicht, was mit dir verkehrt ist. Alle diese Botschaften haben zwei Dinge gemeinsam. Erstens enthalten sie kein böses Wort über Ihren Partner. Zweitens machen sie Ihrem Partner glasklar, was sein Verhalten für Ihre Bedürfnisse und Ihre Gefühle bedeutet. Diese Verbindung von vorwurfsfreier Sprache und einer Sie verwundbar machenden Selbstoffenbarung ist eine neue, echte und unerwartete Art der Konfrontation, mit der Ihr Partner viel leichter positiv umgehen kann. Wenn er sich nicht gegen Anklagen zur Wehr setzen muss und gleichzeitig deutlich hört, dass sein Tun Sie verletzt hat, kann er unbelastet den Schaden wieder gutmachen, statt defensiv und widerspenstig zu werden.

Frank kann sagen, es tue ihm Leid, und sich erbieten, den Schmutz zu beseitigen; die Ehefrau kann sich entschuldigen, weil sie geschimpft hat, und einsehen, wie lausig man sich fühlen muss, wenn man von zwei Seiten Prügel bezieht; der Lottospieler kann um Verzeihung bitten und versprechen, das nicht noch einmal zu machen; der Partner, der den Geburtstag vergessen hat, kann inständig um Verzeihung bitten, ihr sagen, wie wichtig sie ihm trotzdem ist, und sich in ihre Trauer einfühlen (Blumen und ein Abendessen im Restaurant sind willkommen); und die Alleinherrscherin über die Fernbedienung könnte Lösungsvorschläge für das Fernsehen machen, die beide zufriedenstellen.

Zu schön, um wahr zu sein? Im Grunde nicht. Eine Konfrontation in Form einer Selbstoffenbarung zeigt oft augenblicklich Wirkung. Sollte Ihre Konfrontation jedoch Ihr Gegenüber aufbringen, wirkt sie vermutlich nach einer Weile, wenn Sie seine Reaktion einfühlsam angehört haben und dann zu Ihrer Selbstoffenbarung zurückkehren, damit er sie mit weniger Widerstand anhören kann.

Ist das ein Trick? Ein verkappter Weg, Ihren Kopf durchzusetzen, indem Sie dafür sorgen, dass Sie dem anderen Leid tun? Nicht, wenn Sie sich an die drei Bedingungen für Wachstum halten: Echtheit, Akzeptanz und Empathie. Seien Sie bei Ihrer Selbstoffenbarung ehrlich und aufrichtig; wenn sich Ihr Partner aufregt, weil Sie ihn konfrontieren, dann nehmen Sie ihn in seiner Menschlichkeit an – niemand hat es gern, wenn er konfrontiert wird – und fühlen Sie sich in seine Abwehr ein. Dann kehren Sie zu Ihrer Echtheit zurück, *in dem Wissen, dass dann, wenn Sie sich beide ganz und gar verstanden fühlen*, das Problem gelöst oder verwandelt sein wird.

Hier sind einige Richtlinien für die Konfrontation:

Seien Sie deutlich und ehrlich, wenn Sie beschreiben, wie das Verhalten Ihres Partners auf Sie wirkt.

Meiden Sie Vorwürfe, indem Sie im Geist den Missetäter von den Konsequenzen seines Handelns trennen und dem Partner klar signalisieren, dass er nicht »böse« ist, sondern lediglich einen Weg gewählt hat, ein Bedürfnis zu befriedigen, das zufällig mit einem Ihrer Bedürfnisse kollidiert.

Achten Sie die Integrität Ihres Partners – er hat ein Recht auf die Erfüllung seiner Bedürfnisse und auch darauf, sich aufzuregen, wenn er sich durch Ihre Konfrontation bedroht fühlt.

Seien Sie bereit, ihm gegebenenfalls in seiner Abwehr beizustehen.

Vertrauen Sie darauf, dass Ihrem Partner an Ihnen liegt.

Verletzlichkeit

Das Entscheidende an einer kongruenten Selbstoffenbarung ist das Wagnis der Verletzlichkeit – der Bereitschaft, Ihre wahren Gedanken und Gefühle zu zeigen und darauf zu vertrauen, dass Ihr Partner letzten Endes pfleglich mit ihnen umgehen wird. Es geht darum, Ihren Partner wissen zu lassen, was in Ihnen vorgeht, wo Sie stehen, was Sie denken, was Sie fühlen und was Sie brauchen.

Paradoxerweise bringt einen der Mut, sich verletzlich zu machen, in eine der mächtigsten Positionen, die man innehaben kann. Frei lebende Tiere legen sich auf den Rücken und zeigen ihren Bauch oder ihre Kehle – ihre empfindlichsten Körperteile –, wenn sie von Artgenossen angegriffen werden, denn sie wissen, dass sie damit die Wahrscheinlichkeit wesentlich verringern können, vom Aggressor getötet zu werden. Wenn Sie sich bei einer Konfrontation vollständig offenbaren, weckt gerade Ihre Verletzlichkeit Mitgefühl für Sie und Ihre Bedürfnisse.

Denken Sie daran, sich offen zu zeigen, wenn Sie konfrontieren, und denken Sie daran, dass sich Ihr Partner wahrscheinlich auch verletzlich fühlt, wenn er konfrontiert wird. Das wird Ihnen helfen, anschließend Ihrerseits mitfühlend zu reagieren, und wird es Ihnen beiden viel leichter machen, einen Weg zur Lösung des Problems zu finden, der für Sie beide gangbar ist.

Noch einmal: Die Bedeutung der Akzeptanz

Mit manchen ärgerlichen Verhaltensweisen Ihres Partners oder Ihrer Partnerin werden Sie am besten fertig, indem Sie über Ihre Irritation hinauswachsen. Fragen Sie sich, ob dieses Verhalten so störend ist, dass Sie ihm Beachtung schenken müssen. Sind Sie heute vielleicht einfach reizbar? Können Sie einen Weg finden, in diesem Fall mehr Akzeptanz aufzubringen?

Für mich (Ralph) wird gelegentlich noch immer Pattys Neigung spürbar, ein wenig diktatorisch zu sein, obwohl sie weiß, dass mich das irritiert. Ich freue mich auch heute nicht übermäßig, wenn diese Neigung auftaucht, aber ich habe gelernt, sie als Teil einer übergeordneten Eigenschaft anzusehen, die ich schätze und bewundere: Pattys zupackende Tatkraft und den Drang, etwas zustande zu bringen, den Tag zu nutzen, niemals ein Nein als Antwort hinzunehmen. Also rezitiere ich jetzt bei Bedarf ein Mantra, das mir zur Akzeptanz verhilft: »Typisch Patty!« Und ich lächle dabei. In vielen Fällen gibt mir das so viel Gelassenheit und emotionales Gleichgewicht, dass ich auf eine Konfrontation verzichten kann!

Suchen Sie nach Wegen, wie Sie manche Eigenheiten Ihres Partners leichter annehmen können. Sie sind ein Teil seiner Persönlichkeit. Wenn Sie sie akzeptieren und ehrlich tolerieren können, werden Sie es beide besser haben. Ihrem Partner ein Klima der Sicherheit und echten Akzeptanz zu gewähren, das sein Wachstum als Mensch fördert, ist ein wichtiger Beitrag zu Ihrer Beziehung. Jeder braucht das Gefühl, von dem Menschen, den er liebt, angenommen zu sein.

Und erinnern Sie sich schließlich auch daran, wie wichtig es ist, dass Sie eine annehmende Einstellung zu sich selbst finden. Jeder verdient Mitgefühl und Akzeptanz, auch Sie.

Fassen wir zusammen: Wir können an der Persönlichkeit unseres Partners nicht viel ändern, weil er das Produkt seiner gesamten Geschichte ist und außerdem ein Recht darauf hat, er selbst zu sein. Andererseits können wir normalerweise störende Verhaltensweisen ändern, indem wir dem anderen unser Problem vorwurfsfrei mitteilen, uns selbst offenbaren und verletzlich machen, und zugleich Mitgefühl und Empathie aufbringen. Und je mehr wir unseren wunderbaren Gefährten annehmen können, desto weniger werden wir ändern wollen. Das sind wichtige Schritte auf dem Weg zu einer idealen Partnerschaft.

Basic 11
Konflikte und Streitpunkte auflösen

Einigkeit wird wertvoller, wenn ihr Uneinigkeit vorausgeht.

Publilius Syrus

Wenn zwei Menschen intensiv und auf lange Zeit ihr Leben teilen, gibt es Streitpunkte. Die Anlässe werden vom Trivialen (Welchen Film sehen wir uns heute Abend an?) bis zum Tiefgründigen reichen (Wie gehen wir mit einem rebellischen Kind um?). Die meisten lassen sich durch guten Willen und klare Kommunikation leicht lösen, aber andere werden hartnäckiger sein und manchmal zu ernsthaften Auseinandersetzungen und Kämpfen führen, bei denen die Gefühlswogen hochgehen. Im Folgenden geben wir Ihnen ein paar Denkanstöße für die hartnäckigen Punkte.

Gelegentlich einen hitzigen Wortwechsel zu führen ist normal. Es kann sogar erfrischend sein. Es kann die Luft reinigen. Wenn der damit verbundene Energiestoß zu einer brauchbaren Lösung führt, kann die Erleichterung sogar in Sex münden.

Aber hitzige Debatten oder langwierige Auseinandersetzungen sind sehr unwillkommen, wenn erstens ein Partner immer dominiert und gewinnt, wenn sie zweitens vorhersehbar häufig und regelmäßig auftreten, wenn sie drittens nie zufriedenstellend gelöst werden oder wenn sie – was sich von selbst versteht – viertens von körperlicher Gewalt begleitet sind.

In diesem Abschnitt werden wir die Dynamik des Konflikts und seiner Auflösung erforschen, damit es Ihnen möglich wird, mit diesem grundlegenden Aspekt einer engen Beziehung vertrauensvoll und erfolgreich umzugehen.

Basics, die Ihnen helfen

Das Geheimnis des Umgangs mit den meisten Konflikten und Meinungsverschiedenheiten – sie gar nicht erst aufkommen zu lassen, sie abzuschwächen oder rasch zu lösen – besteht in der bewussten Nutzung des Wissens und der Werkzeuge, die Sie bereits kennen gelernt haben. Dazu gehört, dass Sie Vorwürfe unterlassen (Basic 2), auf Vergeltung (Basic 6) sowie auf cooles Reden und Ironie verzichten (Basic 7), die verborgenen Ängste erkennen und ansprechen, die manche Themen außerordentlich heikel machen (Basic 8), und ganz besonders, dass Sie die Kommunikationstechniken des stärkenden Zuhörens und der verletzlich machenden Selbstoffenbarung (Basics 5 und 10) anwenden. All diese Verhaltensweisen tragen in unterschiedlicher Weise zu Aufrichtigkeit, Akzeptanz und Empathie bei, die für die Lösung von Konflikten ebenso fundamental sind wie für die Förderung des Wachstums. Wenn Sie diese sanften, aber wirksamen Methoden besser verstehen und anwenden lernen, werden Meinungsverschiedenheiten immer seltener zum Streit führen.

Sehen wir uns an, wie man diese Gedanken in die Tat umsetzen könnte. Angenommen, Hannah benutzt am

Abend den Computer, um Recherchen für ein Projekt zu machen, und Niklas möchte ins Netz gehen und seine E-Mails lesen und beantworten.

Sie könnten sich gegenseitig Vorwürfe machen: »Du sitzt ewig vor dem verdammten Kasten, wenn ich ihn gerade brauche!« »So? Warum hast du dich dann nicht klugerweise gleich drangesetzt, als du nach Hause gekommen bist?«

Er könnte auch eine Gegenleistung einfordern: »Ich hab dich gestern Abend rangelassen. Jetzt bin ich dran!«

Sie könnte auch ihren Ärger durch Sarkasmus und Flapsigkeit ausdrücken: »Du hältst deine kostbare E-Mail wohl für wichtig? Spinn dich aus!«

Man sieht auf den ersten Blick, wie leicht diese üblichen Reaktionen dazu führen können, dass aus einer Mücke ein Elefant wird. Viel besser werden Niklas und Hannah ihre Schwierigkeit bewältigen, wenn sie Selbstoffenbarung und Empathie praktizieren:

Hannah: »Ich höre, dass du jetzt gern an den Computer möchtest, aber mein Termin für dieses Projekt ist so eng, dass ich schrecklich Angst habe, nicht mehr fertig zu werden, wenn ich die Recherche nicht heute Abend durchziehe.«

Niklas: »Ach so, ich habe nicht gewusst, dass du so unter Druck stehst. Dann lese ich mein Buch fertig, solange zu arbeitest, und schaue nach meiner E-Mail, ehe wir ins Bett gehen.«

Wenn man unnötige Provokationen vermeidet und klar kommuniziert, damit der eine die Gefühle des anderen verstehen und akzeptieren kann, löst man einen Großteil der Alltagsschwierigkeiten.

Konfliktmanagement

Gelegentlich ist aber keine schnelle Lösung in Sicht und beide Partner empfinden ihr Interesse als so wichtig, dass die erkennbaren Möglichkeiten, ihre Bedürfnisse zu erfüllen, scheinbar nicht miteinander zu vereinbaren sind. Das sind die hartnäckigen Streitpunkte. Hier einige Beispiele:

Nina will den Garten hinter dem Haus neu gestalten, einen schattigen Patio, Wege und Beete anlegen. Mario liebt den Garten wie er ist und sieht nicht ein, dass er für die Umgestaltung viel Geld ausgeben soll.

Christiane möchte, dass ihr Sohn im Sommer die Erfahrung eines Ferienlagers macht. Moritz ist felsenfest überzeugt, dass es für den Jungen viel besser wäre, den Sommerschwimmkurs des nahe gelegenen Jugendclubs mitzumachen und seine Zeitungen weiter auszutragen.

David geht samstags morgens leidenschaftlich gerne angeln. Angelika wünscht sich inständig, dass sie samstags etwas gemeinsam unternehmen, hasst aber das Angeln.

Wenn die Meinungsverschiedenheiten groß sind und die Gefühlswogen hochgehen, ist es in einer idealen Partnerschaft wesentlich, dass erstens beide Partner fest davon überzeugt sind, dass sie Lösungen finden müssen, die den Bedürfnissen beider gerecht werden, und dass sie zweitens eine praktikable Methode haben, dieses Ziel zu erreichen und mit der Wut und dem Aufruhr fertig zu werden, die einen Konflikt typischerweise begleiten.

Ohne eine solche Methode werden Konflikte häufig so gelöst, dass die Interessen des einen Partners zum Zug kommen und die des anderen unter den Tisch fallen, entweder weil der Sieger sich durchsetzen kann oder weil der Verlierer um des lieben Friedens willen nachgibt. In beiden Fällen empfindet der Verlierer Groll und der Sieger hat Schuldgefühle, und dieses Ergebnis beeinträchtigt unweigerlich die guten Gefühle, die die Partner füreinander hegen.

Wird der Konflikt jedoch so gelöst, dass man über einen Streit um die Ausgangsposition hinausgeht und sich auf einen Prozess einlässt, in dem man kreative zusätzliche Optionen sucht, *die den wirklichen Bedürfnissen beider Partner dienen*, gewinnt man viele Vorteile. *Erstens* fühlen sich beide Partner zufrieden und ernst genommen statt zornig oder schuldig. *Zweitens* nehmen beide die Lösung an und ziehen bereitwillig am gleichen Strang. *Drittens* haben die Partner, nachdem sie eine potenziell verletzende Situation in einen gemeinsamen Sieg verwandelt haben, ein Gefühl erfolgreicher Zusammenarbeit und größerer Nähe. Und *viertens* ruft ein solcher Prozess oft eine überraschende Kreativität auf den Plan, die auch für andere Aspekte ihres Lebens belebende Anstöße geben kann.

Vor vielen Jahren stritt ich mich einmal mit Ralph darüber, ob wir Urlaub machen sollten. Unsere Ausgangsposition war, dass ich Urlaub wollte und er nicht. Als wir tiefer gingen und unsere gegensätzlichen Haltungen genauer unter die Lupe nahmen, stellten wir fest, dass ich ein wenig ausspannen wollte und vergnügliche

Abwechslung brauchte. Ralph wollte das im Grunde zwar auch, hatte aber ein noch größeres Bedürfnis, das Geld zu sparen, das ein Urlaub kosten würde. Als wir diese Bedürfnisse erst einmal identifiziert hatten, machten wir uns daran, eine oder mehrere Lösungen zu finden, die unser beider Bedürfnis nach »Ausspannen« und »Vergnügen« gerecht wurden, ohne dabei mit Ralphs Bedürfnis in Konflikt zu kommen, möglichst wenig Geld auszugeben.

Wir entschieden uns für die Lösung, in unserem eigenen Haus Urlaub zu machen. Wir packten unsere Koffer, verließen am Freitagmorgen um 6 Uhr unser Schlafzimmer und zogen für eine Woche ins Gästezimmer um. Wir frühstückten jeden Tag zu Hause und nahmen die meisten anderen Mahlzeiten in Restaurants ein. Für das Frühstück benutzen wir anderes Geschirr als sonst und saßen am Couchtisch im Wohnzimmer und nicht im Esszimmer. Nach 10 Uhr war keine Haus- oder Gartenarbeit mehr erlaubt, denn dann brachen wir als Touristen in unsere eigene Stadt auf und unternahmen jeden Tag etwas Attraktives, das vor unserer eigenen Haustür lag. Während der ganzen Woche öffneten wir nicht ein Mal unsere Schlafzimmertür und genossen dafür das unbekannte Gefühl, zusammen in unserem Gästezimmer zu nächtigen. Und da wir weder Flugtickets noch Hotelzimmer bezahlen mussten, war es ein herrlicher Urlaub, der nicht viel kostete und an den wir uns noch immer mit Freuden erinnern.

Unsere Fähigkeit, eine Lösung für dieses Problem zu finden, brachte uns in Hochstimmung. Frustration und Groll blieben uns erspart, stattdessen frohlockten wir und fühlten uns einander nahe.

Verhandlungsstrategien

Wir fanden zu dieser Einigung, weil wir eine sehr klare Strategie der *Konfliktlösung* anwandten, die Thomas Gordon in seinen Büchern *Familienkonferenz* und *Managerkonferenz* entwickelt hat und in gleichnamigen Kursen lehrt. Seine Methode beruht auf der Arbeit des amerikanischen Pädagogen John Dewey, der eine pragmatische Formel mit sechs Schritten für die Lösung eines jeden Problems entworfen hat. Dewey empfahl folgende Schritte:

1. Definieren Sie das Problem.
2. Ermitteln Sie alle möglichen Lösungen.
3. Bewerten Sie die ermittelten Lösungen.
4. Wählen Sie die vielversprechendste(n) Lösung(en) aus.
5. Setzen Sie die Lösung(en) in die Tat um.
6. Überprüfen Sie die Wirksamkeit der Lösung(en).

Gordon hat die Formel modifiziert, um sie speziell für *Konflikte* geeignet zu machen. Beim ersten Schritt fordert er, dass der Konflikt im Hinblick auf die *Bedürfnisse* beider Seiten definiert werden soll, und beim zweiten Schritt sollen Lösungen ermittelt werden, die diesen *Bedürfnissen* auf beiden Seiten gerecht werden.

Kombiniert mit Kommunikationsstrategien für den Umgang mit den aufgewühlten Gefühlen beider Parteien ergab diese Umformulierung einen wirksamen Weg, Konflikte zu bewältigen, den wir uns zu Nutze machten, als die Urlaubsfrage für uns strittig wurde.

Einen anderen nützlichen Regelkanon für die Lösung von Konflikten haben Roger Fisher und William Ury in ihrem Buch *Das Harvard-Konzept: sachgerecht verhandeln – erfolgreich verhandeln* geschaffen. Die Autoren identifizieren zwei Haupthindernisse für erfolgreiches Verhandeln: Die Beteiligten sehen ihre Ausgangspositionen als einzige Lösung an, und die Beteiligten haben die Vorstellung, dass sie als Verhandlungsmasse nur die Möglichkeit haben, Teile dieser Positionen aufzugeben.

Beispielsweise sagt ein Händler: »Das kostet 50 Dollar.« Der Tourist sagt: »Ich gebe Ihnen zehn.« (Das sind ihre Ausgangspositionen.) Dann geht der Händler schrittweise herunter und der Tourist bietet schrittweise mehr, und vielleicht treffen sie sich in der Mitte und werden handelseinig, vielleicht auch nicht. Bei diesem Szenario gibt es keine andere Möglichkeit als einen Kompromiss, bei dem beide Seiten etwas verlieren.

Wären wir bei unseren Positionen geblieben, hätte ich (Ralph) vielleicht (langsam) die Summe erhöht, die ich auszugeben bereit war, während Patty bei der Frage, wie attraktiv unser Ziel sein und wie lange wir bleiben konnten, (langsam) Abstriche gemacht hätte. Vielleicht wären wir schließlich in Urlaub gefahren, vielleicht auch nicht. *Und keiner von beiden wäre am Ende richtig zufrieden gewesen.* Aber als wir unsere Ausgangspositionen aufgegeben hatten und uns auf unsere eigentlichen Interessen konzentrierten, änderte sich schlagartig das ganze Klima der Verhandlungen und wir fanden eine unerwartete, elegante Lösung.

Fisher und Ury schildern, wie man über die Anfangsposition hinausgelangt, und beschreiben auch detailliert, wie man effektiv mit den Emotionen und Fehlannahmen des anderen (und mit den eigenen) umgeht, wie man die wahren Interessen und Bedürfnisse hinter den vertretenen Positionen herausfindet, wie man den Kuchen vergrößert, statt ihn zu halbieren und natürlich, wie man sich einig wird.

Alle drei Bücher, *Familienkonferenz, Managerkonferenz* und *Das Harvard-Konzept,* zeigen detailliert verständliche Methoden auf, mit denen man nicht nur Konflikte lösen, sondern die man auch als kreative Möglichkeiten nutzen kann, Beziehungen zu stärken und zu vertiefen, weil es Spaß macht und spannend ist, vertrackte Probleme gemeinsam zu lösen. Wir raten Ihnen dringend, Ihr Konfliktmanagement durch den Einsatz dieser Ressourcen in Schwung zu bringen.

Paare ohne Konflikte

Manche Paare sagen, dass sie nie streiten. Das klingt zwar wunderbar, kann aber ein Zeichen sein, dass Gefahr im Verzug ist, denn bei Paaren, die nie Meinungsverschiedenheiten haben, ist die Wahrscheinlichkeit einer Scheidung höher. Wie kommt das? Konflikte sind zwischen Menschen in einer engen Beziehung unvermeidlich, und wenn ein Paar angeblich keine hat, dann gibt höchstwahrscheinlich ein Partner schon beim leisesten Anzeichen eines Zwistes einfach nach – möglicherweise auch beide –, um den Frieden zu wahren. Das bedeutet im Allgemeinen, dass sich bei einem oder bei beiden Partnern eine Unmenge kleiner oder großer unbefriedigter Bedürfnisse aufstauen und dass sich unter der vorgespiegelten Zufriedenheit heimlich Groll über diese Enttäuschungen aufbaut. Dieser Groll bildet mit der Zeit eine (stumme) Barriere der Verbitterung zwischen den beiden, und nach und nach brechen Nähe und Anteilnahme zusammen. Das führt zur Entmutigung und damit sind die Weichen für eine Scheidung gestellt. Sehen wir uns die fügsame Marianne an:

Marianne widersprach Karsten nie – in keinem Punkt. Karsten arbeitete häufig bis spät in die Nacht und sie beklagte sich nie. Sie ließ ihn aussuchen, wo sie wohnten, welches Auto sie fuhren, wer ihre Freunde waren und wohin sie in Ferien fuhren. Sie gab bei jeder Unstimmigkeit nach, ob groß, ob klein. Sie tat alles, von dem sie glaubte, es sei die Pflicht einer guten Ehefrau. Ihre Freunde sagten, sie seien offenbar ein ideales Paar. Nie fiel ein böses Wort. Eines Tages packte Marianne ohne Vorwarnung ihre Sachen, zog aus und reichte bald darauf die Scheidung ein. Sie schrieb auf ein Blatt Papier, sie »habe genug«, und sprach nie mehr ein Wort mit Karsten.

Wenn nie »ein böses Wort« zwischen Ihnen fällt, dann sollten Sie vielleicht überprüfen, wie Sie mit Konflikten umgehen, um sicherzustellen, dass nicht einer von Ihnen Groll und Ressentiments in einen Sack steckt, bis er eines Tages so vollgestopft ist, dass er platzt.

Wie man Konfliktscheu erkennt und ihr abhilft

Manche Menschen haben einfach eine Streit-Phobie. Sie neigen stark dazu, bei Konflikten nachzugeben und ihre eigenen Bedürfnisse zu opfern, wie Marianne. Solche Menschen untergraben nicht nur durch aufgestauten Ärger ihre Beziehung, sondern haben bei jeglicher Form von Konflikt Mühe, ihre Bedürfnisse zu behaupten. Die meisten von uns würden lieber nicht streiten, besonders mit unserem Partner, aber manche haben einen tiefen Widerwillen dagegen oder sind unfähig, Konflikte auszuhalten.

Wenn Sie ein solcher Mensch sind, dann liegt Ihrer

Streit-Phobie möglicherweise die Erfahrung zugrunde, dass Sie bei früheren Konflikten regelmäßig überwältigt wurden, entweder als Kind von Ihren Eltern und/oder anderen Erwachsenen, oder als Erwachsener in der Beziehung zu Ihrem Mann oder Ihrer Frau. Es lohnt sich, herauszufinden, ob Ihre Konfliktscheu aus frühen schlechten Erfahrungen in der Kindheit oder aus Ihrer derzeitigen Beziehung resultiert.

Wenn Sie erkennen, dass das Problem aus Ihrer Kindheit stammt, sollten Sie sich das bewusst vor Augen halten, damit Ihnen klar ist, dass Ihre Angst, bei einem Konflikt mit Ihrem Ehepartner für die eigenen Bedürfnisse einzutreten, auf alten Ängsten beruht und nicht auf gegenwärtigen Gefahren. Das wird Ihnen helfen, sich realistischer auf Ihren Partner zu beziehen.

In einem solchen Fall sollten Sie Ihrem Partner erklären, dass Sie sich dieses Problems bewusst sind, und ihn bitten, Sie in jeder möglichen Weise darin zu unterstützen, dass Sie Ihre Bedürfnisse im Konfliktfall auch mitteilen. Wenn Sie diese Unterstützung erhalten und einen verlässlichen Prozess zur Beilegung von Konflikten erlernen, wie ihn Gordon oder Fisher und Ury bieten, können Sie allmählich lernen, Ihre Bedürfnisse standhafter zu vertreten.

Haben Sie bereits schlechte Erfahrungen mit Ihrem Partner oder Ihrer Partnerin gemacht, der/die nicht bereit war, mit Ihnen zusammen für beide Seiten befriedigende Konfliktlösungen zu suchen, sondern auf Durchsetzung der eigenen Wünsche pochte, dann ist es wichtig, den Mut aufzubringen, Ihr Gegenüber zur Rede zu stellen und ihm Ihre Bedürfnisse und Gefühle in diesem Bereich mitzuteilen. Sie müssen dann ungefähr Folgendes sagen:

»Ich weiß, dass es in der Vergangenheit Fälle gab, bei denen du mir deine Lösungen aufgezwungen hast, und ich habe das durchgehen lassen. Aber ich will nicht, dass das noch weiterhin geschieht. Ich möchte, dass wir von jetzt an anders mit unseren Konflikten umgehen, damit wir beide unsere Bedürfnisse erfüllt bekommen. Bist du bereit, diese Veränderung mitzumachen?«

Wenn Ihre Beziehung im Wesentlichen von Liebe getragen ist, wird Ihr Partner wahrscheinlich mit der Zeit diese Veränderung annehmen. Allerdings müssen Sie sich darüber im Klaren sein, dass diese Forderung —keine willkommene Neuigkeit für jemanden ist, der sich —vorher bei jedem Konflikt durchsetzen konnte. Sie sollten sich also auf defensive Reaktionen gefasst machen, wie etwa: »Ich war dir gegenüber nie in irgendeiner Weise unfair.« Versuchen Sie, dem mit Empathie zu begegnen, um Ihrem Partner zu helfen, seine Abwehrgefühle zu bewältigen (z. B. »Du bist schockiert, dass ich das Gefühl habe, dir gegenüber so oft zu verlieren«).

Wenn Sie sicher sind, dass Sie die Gefühle Ihres Partners verstanden und sie ihm korrekt gespiegelt haben, wiederholen Sie Ihre Botschaft. Dann müssen Sie vielleicht wieder zuhören und so geht es weiter, bis Ihr Partner genügend Sicherheit gewonnen hat, um dieses wichtige Problem konstruktiv zu bewältigen. Schritt für Schritt werden Sie und Ihr Partner sich gemeinsam ein Verständnis dafür erarbeiten, wie Sie für beide Seiten befriedigende Lösungen für Ihre Konflikte finden können, und die Grundlage für eine Beziehung schaffen, in der beide gewinnen. Bleiben Sie dabei und üben Sie die

Anwendung von Konfliktlösungsstrategien, damit Sie zukünftige Streitigkeiten erfolgreich meistern.

Wenn Sie Ihren Partner klar angesprochen haben und so einfühlsam wie möglich mit seinen Abwehrreaktionen umgegangen sind und er weigert sich noch immer, für künftige Konflikte einen Prozess zu akzeptieren, bei dem beide gewinnen, müssen Sie sich vielleicht einer schwierigen Realität stellen. Ein Ehepartner, der nicht einsieht, dass die Erfüllung Ihrer Bedürfnisse ebenso wichtig ist wie die seiner eigenen, bietet Ihnen nicht viel. Wenn eine Bereitschaft zur Veränderung besteht, kann vielleicht ein Therapeut Ihrem Partner helfen, die Schwierigkeiten zu bearbeiten, die ihn unfähig machen, Ihr Recht auf die Erfüllung Ihrer Bedürfnisse anzuerkennen. *Wenn Ihr Partner nicht willens ist, einen solchen Prozess der persönlichen Veränderung zu durchlaufen, müssen Sie eventuell Ihre Beziehung neu bewerten. Das wäre zwar eine harte Aufgabe, aber alle Menschen verdienen, dass ihre Bedürfnisse erfüllt werden – auch Sie!*

Die Bedeutung von Konflikten

Wie Sie und Ihr Partner oder Ihre Partnerin Konflikte lösen, ist ein aussagekräftiger Indikator dafür, wie befriedigend Ihre Beziehung wird. Gute Zeiten sind wunderbar und es ist wichtig, sie zu fördern und positive Gemeinsamkeiten zu hegen und zu pflegen. Aber es wird auch Konflikte geben. Und wenn Sie sie durchgängig zu ignorieren versuchen oder um des lieben Friedens willen nachgeben, kann das schlechte Gefühl, das dabei zurückbleibt, vieles von dem untergraben, was sonst zwischen Ihnen gut ist. Weil Konflikte emotional so aufwühlend sind, erzeugt andererseits die Erfahrung einer gemeinsamen Suche nach guten Lösungen, insbesondere ein Erfolg dort, wo alles unlösbar erscheint, starke Gefühle von Stolz, Zusammengehörigkeit und Vertrauen.

Lernen Sie also, Konflikte und Meinungsverschiedenheiten als Chancen anzunehmen, denn das sind sie sicherlich. Gute Partnerschaften werden durch mutige, beiden gerecht werdende Konfliktlösungen und den sensiblen Umgang mit Streitigkeiten außerordentlich bereichert. Engagieren Sie sich gemeinsam für Lösungen, bei denen beide gewinnen, und entwickeln Sie die Kommunikations- und Verhandlungsstrategien, die Sie brauchen, um Ihren gemeinsamen Erfolg zu gewährleisten, wenn es Konflikte gibt. Mit diesem Engagement und den Fähigkeiten, die das Gelingen garantieren, lassen sich Konflikte in wichtige Bausteine für Ihre Beziehung verwandeln.

Basic 12
Wissen, wann man nachgeben muss

Es gibt Niederlagen, die größere Triumphe sind als ein Sieg.

Michel de Montaigne

Im Laufe Ihrer Beziehung werden Sie eine sehr kleine Anzahl von Verhaltensweisen, Werten oder Eigenschaften Ihres Partners entdecken, die keine Konfrontation, kein Problemlösen, kein Ausdenken neuer Optionen ändern wird. Es kann dabei um große oder kleine Dinge gehen, aber unabhängig von ihrer Bedeutung können sie eine Quelle großen Schmerzes sein.

Ihr Partner bringt vielleicht unzählige Stunden damit zu, im Internet zu surfen, Ihre Partnerin legt für Ihren Geschmack viel zu viel Make-up auf, einer kann zu viel Geld für ein teures Hobby ausgeben, und nichts von dem, was in diesem Buch steht, bringt Ihr Gegenüber dazu, sich in der gewünschten Richtung zu ändern oder verhilft Ihnen zur Akzeptanz.

Dann stehen Ihnen drei Möglichkeiten offen: Sie können weiterhin auf eine Veränderung drängen, ein schweigender, aber verdrossener Märtyrer werden oder das annehmen, was Ihr Gegenüber in Wirklichkeit ist. Wenn Sie bei Ihren Versuchen, eine Veränderung herbeizuführen, mutig und geschickt vorgegangen sind und Ihr Sie liebender Partner war nicht in der Lage, Ihnen entgegenzukommen, dann ist die beste Möglichkeit die dritte.

Paul kam von einer Reise nach Schweden mit einem gewaltigen Kronleuchter in der Form eines Wikingerschiffes nach Hause und wollte ihn gerne im Wohnzimmer über den Kaffeetisch hängen. Als Anna ihn sah, bekam sie einen Schock und begriff nicht, wie Paul so etwas kaufen konnte. Sie wollte das große, schwarze Eisenmonstrum nirgendwo im Haus hängen sehen, schon gar nicht im Wohnzimmer. Ernsthafte Versuche, den Konflikt zu lösen, verliefen alle im Sande: Paul beharrte noch immer darauf, seinem Prunkstück den geplanten Ehrenplatz zu geben. Ein paar Tage nach dem letzten Versuch erkannte Anna plötzlich, wie sehr Pauls Herz daran hing, seinen Fund zur Geltung zu bringen, und ihre Einwände schmolzen dahin. Sie gab willigen Herzens nach und inzwischen betrachten beide den Kronleuchter mit Zuneigung – Anna, weil er ihr Verständnis für etwas repräsentiert, das ihrem lieben Mann so viel bedeutet, und Paul, weil Anna bereit war, wegen seiner großen Freude an diesem ungewöhnlichen Kronleuchter nachzugeben.

Wir haben bereits in Basic 9 ein weiteres Beispiel für bereitwilliges Nachgeben angeführt, als Patty auf mein ausgeprägtes Bedürfnis einging, Fürsorge in Gestalt eines allabendlich von ihr zu Hause zubereiteten Abendessens zu erfahren. Als sie erkannte, welchen Symbolwert das für mich hatte, verzichtete sie darauf, sich noch länger als Karrierefrau ohne Neigung zum Kochen anzusehen, und gab mir, was ich brauchte. Sie wurde eine viel bessere und interessiertere Köchin, und im Laufe der Jahre habe sogar ich Freude daran entwickelt, gelegentlich ein einfaches Essen zu kochen, und außerdem räume ich regelmäßig abends die Küche auf. Ihr großzügiges *Nachgeben, ohne dass sie sich geopfert hätte*, hat uns in mancher interessanten Weise näher zusammengebracht.

Das Konzept des Nachgebens ist für besondere, sehr seltene Fälle gedacht, in denen keine andere Lösung möglich erscheint und in denen derjenige, der nachgibt, *von Herzen* das Mitgefühl und die Empathie aufbringen kann, die für ein Nachgeben ohne Opfer nötig sind. Das Konzept des Nachgebens entschuldigt *nicht*, dass man dem anderen alles durchgehen lässt, passiv ist oder sich um die Verantwortung drückt, mit angemessener Festigkeit für die Erfüllung der eigenen Bedürfnisse einzutreten.

Nachgeben heißt, sich mit einem tiefen Bedürfnis oder einer grundlegenden Eigenschaft Ihres Partners auszusöhnen, die nur um einen hohen Preis oder gar nicht zu ändern wäre, und *eine Wandlung im eigenen Inneren durchzumachen*, damit man sich nicht länger wünscht, der Partner wäre anders. Das erreichen Sie etwa, indem Sie Bücher lesen oder auf andere Weise Ihr Verständnis und Ihr Bewusstsein erweitern, durch Meditation oder Gebet, durch Gespräche mit einem Freund, einer Freundin, jemandem aus der Familie oder einem Berater. Sie könnten es auch durch Experimentieren erreichen – indem Sie das Verhalten Ihres Partners »anprobieren« und sehen, ob Sie es auf diesem Wege leichter annehmen können, oder vielleicht gelingt es Ihnen auch, wenn Sie sich ganz einfach vornehmen, nachzugeben.

Wie immer Sie es fertig bringen, nachzugeben, es wirkt Wunder. Es befreit Sie von Spannungen und Frustration, es befreit Ihren Partner von Missbilligung und Ihren Versuchen, ihn zu ändern, es hüllt Sie beide in Verständnis, Akzeptanz und Nähe. In sorgfältig ausgewählten Fällen ist Nachgeben ein seltener, aber wichtiger Bestandteil einer idealen Ehe.

Falsche Akzeptanz

Eine Warnung: Hüten Sie sich vor falscher Akzeptanz, bei der Sie nur vorgeben, das Verhalten Ihres Partners sei für Sie in Ordnung, um den Frieden zu wahren oder um flexibel zu wirken, innerlich aber noch immer damit hadern. Das hat nichts mit Aussöhnung zu tun und kann gefährliche Folgen haben. Neben der Spannung, die ein vorgetäuschtes Nachgeben in Ihnen erzeugt, hat es auch eine subtil distanzierende Wirkung in der Beziehung, die von Ihrem Bedürfnis verursacht wird, den Unterschied zwischen Ihrem wahren Ich und dem Bild zu vertuschen, das Sie von sich geschaffen haben. Erinnern Sie sich, dass *Ehrlichkeit und Kongruenz* sowohl in Ihnen selbst als auch gegenüber dem Partner *unverzichtbare Komponenten für das Reifen der Beziehung sind*; damit das Nachgeben Gutes bewirkt, muss es *echt* sein.

Wenn die eigene Veränderung und das Nachgeben echt sind, auf neuen Einsichten und auf mehr Verständnis gründen, dann tritt oft eine ironisch anmutende Wirkung ein: Unterschiede der Werte, Überzeugungen oder Handlungsweisen, die sich zunächst unversöhnlich gegenüberzustehen schienen, können die Quelle bewegender und sehr beglückender Nähe sein – sie schenken Ihnen das Vergnügen, die Tatsache anzunehmen, dass ein bestimmtes Verhalten Ihres Partners ein einzigartiger, witziger, komischer, kauziger und charakteristischer

Aspekt eines wunderbaren Menschen ist, der anders ist als Sie. (Er liebt Kronleuchter in Form von Wikingerschiffen!)

Sie werden sich wundern, wenn Sie erkennen, wie vollständig Sie eine Eigenheit annehmen können, die Sie früher an Ihrem Partner sehr gestört hat. Einen Weg zu finden, Ihren Partner samt einem bestimmten Wert oder Charakterzug zu akzeptieren, ist eine starke Bestätigung dafür, dass Ihr Partner in Ordnung und integer ist, wie er ist. Das kann ein großes Geschenk für die Beziehung sein. Jeder hat das Recht auf gewisse Eigenheiten, die der Partner in Ruhe lässt und nicht durch Veränderungsbemühungen aus der Welt zu schaffen sucht.

Überraschenderweise entdecken Sie vielleicht, wenn Sie nachgegeben haben, dass Sie es geradezu liebenswert finden, wenn Ihr Partner das Verhalten an den Tag legt, das Sie einst so glühend zu ändern wünschten! Das ist eine der süßen Freuden einer idealen Partnerschaft. Und es gibt kein köstlicheres Geschenk, als von Ihrem Partner, Ihrer Partnerin um Ihrer selbst willen akzeptiert zu werden.

Basic 13
Sich entschuldigen und verzeihen

Ein Freund erzählte uns kürzlich von der Feier einer Silberhochzeit, bei der der Ehemann einen Toast ausbrachte und sagte: »Der Schlüssel zu unserem Erfolg ist ganz einfach. Ein paar Minuten nach jedem Streit sagt einer von uns: ›Es tut mir Leid, Sally!‹«

Cokie und Steve Roberts

Entschuldigungen

Entschuldigungen wirken Wunder. Sie haben die Macht, ein Problem zum Verschwinden zu bringen und Verzeihung und Nähe herbeizuführen.

Ganz gleich, wie sehr Sie sich anstrengen, Ihrem Partner zu gefallen und seine Bedürfnisse zu erfüllen, es kommt *unvermeidlich* der Augenblick, in dem Sie etwas sagen oder tun, das Ihren Partner verletzt.

Selbst wenn schon eine Menge verletzte Gefühle im Raum stehen, ist es niemals zu spät, umzukehren und reinen Tisch zu machen, und das können Sie tun, indem Sie Ihrem Partner gegenüber zugeben, dass Sie wissen, wie verletzend Ihr Verhalten war, und dass es Ihnen aufrichtig Leid tut, ihm diesen Schmerz zugefügt zu haben. *Sie können das aber nicht einfach nur sagen*, sondern Sie müssen Reue empfinden und das auch deutlich zum Ausdruck bringen. Zeigen Sie Ihrem Partner wirklich, dass Sie Ihr Tun bedauern. Seien Sie aufrichtig. Auch wenn es Ihnen schwer fallen mag, ist es wichtig, dass Sie es zugeben, wenn Sie Unrecht hatten oder etwas Unrechtes getan haben. Ihre Schuld zu leugnen kann Ihren Partner verärgern oder sogar verrückt machen. Unterlassen Sie es, Ihre Entschuldigung durch eine *Rechtfertigung* zu beeinträchtigen und zu sagen, warum Sie getan haben, was Sie getan haben – jetzt ist der Augenblick, Ihren Fehler zuzugeben und Bedauern auszudrücken, und keine Gelegenheit, ohne Fehl und Tadel dastehen zu wollen. Nichts macht eine Entschuldigung so überzeugend wie ein von Herzen kommendes: »Ich hatte Unrecht«, so schwer es auch einzugestehen sein mag. Wenn Sie sich ehrlichen Herzens entschuldigen, wird Ihr Partner wahrscheinlich bereit sein, Ihnen zu verzeihen.

Kann Ihr Partner Ihnen nicht auf der Stelle vergeben, dann räumen Sie ihm die Möglichkeit ein, seinen noch vorhandenen Ärger oder Schmerz durchzuarbeiten. Manchmal dauert es eine Weile, bis diese Gefühle nachlassen, selbst wenn Sie sich musterhaft entschuldigt haben. In solchen Fällen sollten Sie sich öffnen und mit Empathie zuhören.

Erinnern Sie sich daran, dass alle Gefühle vergänglich sind, sogar diese. Gefühle kommen und gehen. Wenn Sie die Zurückweisung Ihres *mea culpa* durch Ihren Partner anhören, akzeptieren und gelten lassen, verlieren seine verletzten Gefühle vielleicht ihre Macht und lösen sich. In diesem Fall wird der andere eine umfassende, von Herzen kommende Wiederholung Ihrer Entschuldigung wahrscheinlich annehmen.

Die wichtigsten Schritte bei einer Entschuldigung sind:

1. *Gestehen Sie sich selbst ein, dass Ihr Verhalten Ihren Partner verletzt hat.*
2. *Geben Sie sich selbst gegenüber zu, dass Sie Unrecht hatten oder falsch lagen oder in irgendeiner Weise ungut gehandelt haben, wenn das der Fall ist.*
3. *Geben Sie es dann gegenüber Ihrem Partner zu und drücken Sie echtes Bedauern aus.*
4. *Hören Sie Ihrem Partner zu, wenn er noch Schmerz darüber ausdrückt, und zeigen Sie Verständnis.*
5. *Wiederholen Sie noch einmal, dass es Ihnen Leid tut, etwas getan zu haben, was Ihren Partner so sehr verletzt hat, und gestehen Sie uneingeschränkt jede Schuld ein, die Sie treffen mag.*
6. *Denken Sie daran, dass es Ihrem Partner gelingen kann, Ihnen sofort zu verzeihen oder auch nicht.*
7. *Halten Sie sich vor Augen, dass Sie ein wertvoller Mensch sind, selbst wenn Ihr Partner Ihnen nicht verzeihen kann.*

Manche Menschen wachsen in Familien auf, in denen die Eltern sich nie bei den Kindern für irgendetwas entschuldigen. In solchen Familien, in denen die Erwachsenen kein Vorbild für das Entschuldigen geben, ist es für Kinder schwer zu erlernen. Stattdessen lernt das Kind, sein Tun zu verteidigen – zu vertuschen, zu rechtfertigen und zu behaupten, es sei gar nicht so schlimm gewesen. Wenn aus dem Kind ein Erwachsener geworden ist, kann es ihm dann sehr schwer fallen, sich zu entschuldigen. Haben Sie einen solchen Partner, dann lassen Sie die Zügel so locker wie möglich, wenn eine Entschuldigung fällig wäre. Sind Sie selbst ein solcher Mensch, dann bedenken Sie, dass jeder Mensch Fehler macht, sogar Sie. Wenn Sie einen Fehler gemacht oder Ihren Partner verletzt haben, sind Sie deshalb noch kein wertloser Mensch. Arbeiten Sie an Ihrer Selbstannahme und erwerben Sie die Stärke, Ihre Fehler einzugestehen. Das ist ein wichtiger Aspekt, wenn Sie zu einer idealen Partnerschaft gelangen wollen.

Verzeihen

Verzeihen ist das Gegenstück zur Entschuldigung. In jeder Ehe müssen verletzende Worten oder Taten bewältigt werden, wie klein oder groß auch immer. Wenn es Verletzungen gegeben hat, müssen sich beide Partner Mühe geben, die Beziehung wieder in Ordnung zu bringen. Der Missetäter muss sein kränkendes Verhalten zugeben und sich dafür entschuldigen, aber nach einer Entschuldigung muss der Gekränkte auch einlenken und zum Verzeihen bereit sein.

Ein Dichter hat gesagt: »Zu vergeben, ist göttlich.« Nach unserer Ansicht hat die Göttlichkeit damit zu tun, dass die Vergebung eine Art heilender Balsam für die Beziehung ist und wieder Gefühle der Nähe weckt. Unter manchen Umständen kann fehlende Versöhnungsbereitschaft der Beziehung schweren Schaden zufügen. Wenn ein Partner sich aus irgendeinem Grunde weigert, dem anderen zu verzeihen, wird der Bruch, der durch die Kränkung entstanden ist, nicht geheilt und die Beziehung bleibt beschädigt.

Wenn jemand nicht verzeihen will, kann das mehrere Ursachen haben. Manchmal weigert sich ein Partner, zu vergeben, um irgendwie die Oberhand zu behalten oder um den anderen für verletzende Wort oder Taten zu bestrafen. Oder die Vergebung wird vorenthalten, weil die

Verletzung zu tief geht, um verziehen zu werden. *Unabhängig von den Gründen muss man man aber unbedingt erkennen, dass dann, wenn dem verletzenden Partner nach einer umfassenden und aufrichtigen Entschuldigung nicht verziehen wird, der Gekränkte derjenige ist, der die Beziehung in einer unguten Schwebe hält.* Es mag Gelegenheiten und Umstände geben, in denen das angemessen ist, aber im Allgemeinen ist es schädlich. In einer liebevollen Beziehung sind es die meisten Verletzungen nicht wert, die ganze Beziehung aufs Spiel zu setzen. Es ist daher wichtig, dass man die Fähigkeit entwickelt, zu verzeihen, damit Schäden wieder heilen können und die Beziehung Bestand hat.

Schmollen

Das vielleicht häufigste Hindernis auf dem Weg zur Vergebung ist, dass es sehr attraktiv ist, zornig zu bleiben, um den Partner dafür zu bestrafen, dass Sie sich so mies fühlen, oder um sicherzustellen, dass er es nie wieder tut. Schmollen oder sauer sein ist sehr beliebt, weil es sich perverserweise so gut anfühlt. »Ich werde ihm zeigen, wie weh er mir getan hat!«, sagen wir zu uns selbst. Aber so attraktiv es auch sein mag, Schmollen ist einfach eine destruktive Weise, Ihren Partner zu manipulieren, und sollte auch als solche erkannt werden. Häufig folgt dann auch die gerechte Strafe dafür auf dem Fuße. Ich (Ralph) spielte früher mit Hingabe die beleidigte Leberwurst und machte dabei die Erfahrung, dass ich es zwar genoss, mich sehr höflich, aber distanziert zu verhalten (meine Taktik der tadellosen Manieren), dass aber Pattys hoch willkommene Zerknirschung sich bald in Ärger verwandelte, als ich ihr anhaltend die kalte Schulter zeigte. Dann schlug die offene Tür für eine Wiederherstellung der Nähe mit einem Knall zu, und schließlich musste *ich* mich für das Schmollen entschuldigen. Ich persönlich empfehle dringend, lieber zu verzeihen als zu schmollen.

Wenn es Ihnen schwer fällt, die Entschuldigung Ihres Partners anzunehmen, hilft es auch oft, innerlich ein paar Schritte zurückzutreten. Versuchen Sie sein Vergehen objektiv zu betrachten. In einer Ehe sind die häufigste Ursache für verletzte Gefühle *Worte* – man fühlt sich kritisiert, herumkommandiert, durch Sturheit vor den Kopf gestoßen oder durch zornige Worte in einem hitzigen Streit getroffen. Sehr oft sind die Worte des Partners nicht böse gemeint, sondern sollen verhindern, dass ihm in einer bestimmten Situation die Kontrolle entgleitet, sollen ihm in einer Auseinandersetzung zum Sieg verhelfen oder werden einfach gedankenlos heraustrompetet. Wenn Sie als Reaktion auf die Entschuldigung Ihres Partners authentisch Ihre bleibende Verletzung ausgedrückt haben, tun Sie bitte Ihr Bestes, ihm zuzuhören und seine Bitte um Verzeihung an sich heranzulassen. Bemühen Sie sich um eine so tiefe Einfühlung, dass Sie das menschliche Bedürfnis hinter den verletzenden Worten Ihres Partners wahrnehmen. Dieses Mitgefühl besänftigt vielleicht Ihre verletzten Gefühle und hilft Ihnen, zu verzeihen.

Verbindungen zur Vergangenheit

Ein Weg zu der Einfühlung, die Ihnen das Verzeihen erleichtert, ist möglicherweise auch, dass Sie Situationen erkennen lernen, in denen der Zorn oder die Kritik Ihres Partners viel heftiger ausfällt, als es der aktuelle Anlass rechtfertigt. Er passt nicht zu den tiefen Gefühlen, von denen Sie wissen, dass er sie für Sie hegt. Bei solchen Gelegenheiten können die hitzigen Worte ihren Grund in einer verborgenen Ähnlichkeit zwischen dem, was in der Gegenwart zwischen Ihnen vorgeht, und einem schmerzhaften Erlebnis in der Vergangenheit Ihres Partners haben. Wenn das zutrifft, hat die tiefste emotionale Komponente des Aufbrausens Ihres Partners sehr wenig mit Ihnen und Ihrer Beziehung zu tun; die Situation ähnelt nur einer früheren, tief in der Seele Ihres Partners eingeschlossenen, und in den heftigen Gefühlsausbruch Ihres Partners fließt die zurückgebliebene Emotion aus der früheren Situation mit ein. Häufig geht es dabei um ein Erlebnis in der Kindheit, bei dem ein Elternteil oder eine sonstige Autoritätsfigur eine Rolle spielt. Das bezeichnet man manchmal als »ähnliches Vorerlebnis« und diese Erfahrungen sind oft dafür verantwortlich, dass etwas emotional »einrastet« und bei einem aktuellen Anlass eine überzogene Gefühlsreaktion auslöst.

Als Nebenprodukt einer ehelichen Beziehung gewinnen die Partner eine so tiefe emotionale Bedeutung füreinander, dass sie an Elternfiguren aus unserer Vergangenheit anknüpft, von denen her viele von uns noch ungelöste emotionale Verletzungen in sich tragen. Es ist wichtig, um die Wahrscheinlichkeit dieses Einflusses auf Ihre Partnerbeziehung zu wissen, denn das wird Ihnen verstehen helfen, warum Sie oder Ihr Partner manchmal Dinge sagen oder tun, die sonst so gar nicht in Ihre derzeitige Wirklichkeit einer im Allgemeinen liebevollen Beziehung passen.

Wenn Sie erkennen, dass der Wutausbruch oder die Kritik, für die sich Ihr Partner entschuldigt, eine solche überzogene Reaktion war, dann besteht der

Weg zur Vergebung manchmal darin, diese Möglichkeit mit Ihrem Partner zu besprechen. Sagen Sie ihm, sein Gefühlsausbruch komme Ihnen so übertrieben vor und es falle Ihnen so schwer, seine Entschuldigung anzunehmen, dass Sie vermuten, er sei durch ein tiefes emotionales Echo aus der Vergangenheit ausgelöst worden. Fragen Sie ihn, ob er bereit ist, über diese Möglichkeit nachzudenken. Dann hören Sie sich mit Empathie seine Antwort an und spiegeln sie ihm. Vielleicht erfahren Sie dann, dass die gegenwärtige Situation mit Ihnen irgendwie schmerzhafte Gefühle aus der Vergangenheit wieder geweckt hat. Dadurch entwickeln Sie leichter Mitgefühl und Vergebung für sein Vergehen. Außerdem lernen Sie so eine Menge über die zarten, verletzlichen Anteile Ihres Partners und gelangen zu einer größeren Intimität.

Denken Sie daran: Wenn Ihr Partner lauter, heftiger oder verletzender reagiert, als es angebracht erscheint, kann das ein Zeichen für eine emotionale Aufladung aus der Vergangenheit sein, die sich an die gegenwärtige Situation angekoppelt hat. Dieses Wissen kann *Sie* davon abhalten, die Geschichte unnötig aufzublasen, und es Ihnen viel leichter machen, den heilenden Balsam der Vergebung zu spenden.

Die vergangenheitsbedingte Schwierigkeit zu verzeihen hat auch noch eine andere Seite. Es kann sein, dass bei *Ihnen* etwas eingerastet ist. Es kann sein, dass die Worte oder Taten Ihres Partners nicht so unverzeihlich waren, wie sie Ihnen vorkamen, sondern nur so wirkten, weil sie Ähnlichkeit mit schmerzhafter Kritik oder mit Wutanfällen anderer hatten, die Sie als Kind aushalten mussten, als Sie noch verletzlicher und abhängiger waren, als Sie es heute als Erwachsener sind. Eine anhaltende Unfähigkeit zu verzeihen, nachdem sich jemand ehrlich und aufrichtig entschuldigt hat, kann ein Hinweis sein, dass Sie nach vergangenen Schmerzen suchen sollten. Das könnte dazu führen, dass Sie das Vergehen Ihres Partners in der richtigen Größenordnung sehen und schließlich den Weg zur Vergebung finden.

Die Rolle der Therapie

Jeder hat in seiner Kindheit Probleme – sei es mit den Eltern, Lehrern, Freunden oder einfach den normalen Widrigkeiten des Lebens – und die meisten Menschen haben Narben von schmerzhaften Erlebnissen. Unsere Hauptaufgabe in der Kindheit ist, sehr komplexe Fähigkeiten zu erlernen, die man für das Überleben braucht, und ein unglückseliges Nebenprodukt dieses ausgedehnten Lernprozesses ist oft, dass wir uns unzulänglich oder ungeliebt fühlen. Eltern, Lehrer oder andere Menschen, mit denen wir als Kinder zu tun haben, bemühen sich zwar redlich, uns zu helfen, sagen oder tun dabei aber auch unabsichtlich Dinge, die uns weh tun. Noch heimtückischer ist die Tatsache, dass unsere Kindheitserfahrungen mit dem Gehirn eines drei-, fünf- oder siebenjährigen Kindes verarbeitet werden – und das ist nicht eben der höchstentwickelte Prozessor, den man sich vorstellen kann. Die Folge ist, dass wir alle unvermeidlich viele Situationen falsch ausgelegt haben, weil unser kindliches Gehirn einfach noch nicht in der Lage war, differenziert wahrzunehmen oder zu interpretieren. Aus diesen Situationen gingen wir mit dem vagen (und vielleicht sehr heftigen) Gefühl hervor, wir seien dumm, ungeliebt, unerwünscht, unannehmbar und nicht liebenswert.

In vielen Fällen hätte ein größeres, reiferes Gehirn

ganz andere Schlüsse gezogen. Unser aller Realität sieht jedoch so aus, dass wir mit vier Jahren das Gehirn eines Vierjährigen haben, das unserer Fähigkeit, aus jeder Situation die richtigen Schlüsse zu ziehen, Grenzen setzt. Hinzu kommt, dass unsere persönlichen Deutungen der eigenen Kindheitserlebnisse sehr tiefe Spuren in unserer Seele hinterlassen und irgendwie mit dem Gefühl verbunden sind, sie seien »Wirklichkeit«. Die Erfahrungen, die wir machen, können Narben hinterlassen, unser Selbstwertgefühl stark beschädigen und außerordentlich schmerzhaft sein. Zusätzlich können sie es uns schwer – manchmal unmöglich – machen, als Erwachsene befriedigende Beziehungen einzugehen.

Eine der Aufgaben des Erwachsenenlebens ist es, sich um diese Narben zu kümmern – die Verletzungen zu verarbeiten, vergangene Situationen neu zu interpretieren, den anderen zu vergeben, uns selbst zu vergeben, aus Fehlern zu lernen, die Vergangenheit loszulassen und in der Gegenwart zu leben.

Das ist ein nie abgeschlossener Prozess, denn die meisten von uns tragen ungelöste Probleme der Vergangenheit in der Seele, die in der Gegenwart (durch Einrasten) unnötigen Schmerz verursachen, und es ist immer eine lohnende Investition, an der Auflösung dieser Quellen des Schmerzes zu arbeiten. Einen Großteil dieser Arbeit können Sie allein leisten – besonders wenn Sie die Gabe der Selbsterkenntnis oder einen hilfreichen Freund oder Partner besitzen. Harold Bloomfields Buch *Making Peace with Your Past* ist ein nützlicher Leitfaden, wenn Sie allein an sich arbeiten.

Traditionell ist dies die Domäne der Therapie und es kann sich lohnen, eine Therapie zu machen, damit Sie größeren persönlichen Freiraum bekommen und damit

Ihre Ehe glücklicher wird. Nicht jeder hat Zugang zu einer Therapie und meist ist sie auch teuer. Je nach den Fähigkeiten des Therapeuten und Ihrer eigenen Bereitschaft, schwierige Themen unter die Lupe zu nehmen, können die Ergebnisse außerordentlich variieren. Wenn alle Bedingungen günstig sind, kann eine Therapie zur lohnendsten Investition Ihres Lebens werden.

Die Entscheidung, ob Sie eine Therapie machen wollen, hängt von der Art und dem Ausmaß Ihrer Probleme, von Ihrer Bereitschaft, an ihnen zu arbeiten, von der Verfügbarkeit qualifizierter professioneller Hilfe und den finanziellen Mitteln ab, die Ihnen zur Verfügung stehen. (Die Kosten für einige Arten von Psychotherapie werden in Deutschland von den Krankenkassen übernommen. A. d. Ü.)

Hier sind einige Kriterien aufgeführt, die Ihnen prüfen helfen, ob Sie über eine Therapie nachdenken sollten:

- *Was Sie für sich selbst erreichen möchten, ist die Fähigkeit, offen auf das Leben – insbesondere auf Ihren Partner – zu antworten, ohne vom unterschwelligen Sog der Vergangenheit übermäßig in eine Richtung gezogen oder eingeschränkt zu werden.*
- *Sie möchten in der Lage sein, Ihren Partner als den einzigartigen Menschen zu erleben, der er ist, ohne dass sich Erfahrungen mit Elternfiguren dazwischen schieben, die Verwirrung stiften und verzerrend wirken.*
- *Sie möchten jemanden als Partner wählen können, der Ihr Wachstum und Ihre Zufriedenheit als Mensch fördert.*
- *Sie möchten angemessen reaktionsbereit, vertrauensvoll, sensibel, Anteil nehmend sein und verzeihen können.*

- *Sie möchten fähig sein, Intimität herzustellen und zu erleben – sowohl sexuell als auch emotional.*
- *Sie möchten fähig sein, Freude, Lebendigkeit und Befriedigung zu erzeugen und zu erleben.*

Wenn Sie Hindernisse in sich selbst spüren, die diesen Fähigkeiten im Weg stehen hindern und die Sie allein nicht überwinden können, dann ist eine Therapie vielleicht hilfreich für Sie.

Zusammenfassung

Sich entschuldigen und vergeben können gehört zu den schwierigsten Anforderungen einer idealen Partnerschaft, denn damit Sie Ihrem Partner beides bieten können, müssen Sie sich vielleicht erst von den schattenhaften Nachwirkungen der Vergangenheit befreien.

Wenn Sie verletzt haben, entschuldigen Sie sich. Wenn jemand sich bei Ihnen entschuldigt, verzeihen Sie. Wenn Ihnen beides schwer fällt, dann sehen Sie sich die in diesem Abschnitt dargelegten Prinzipien noch einmal an und arbeiten Sie an Ihrem persönlichen Wachstum. Je weiter Sie sich als Mensch entwickeln, desto größer wird Ihre Fähigkeit, die zu jeder Beziehung gehörenden Schwierigkeiten zu überwinden und die Nähe herzustellen, die eine glückliche Ehe kennzeichnet.

Basic 14
Sich weiterentwickeln

Wachstum ist der einzige Beweis für Leben.

John Henry Newman

»Werde endlich erwachsen!«, forderte entweder mein Vater oder meine Mutter stets, wenn meine Eltern stritten und genervt waren. »Werde doch selbst erwachsen!« entgegnete dann der andere. Sie waren voneinander frustriert und dachten, dass der jeweilige Krach nicht entstanden wäre, hätte sich der Partner reifer verhalten. Das ist nicht genau das, was wir mit »Sich weiterentwickeln« meinen. Dieser Abschnitt handelt von der außerordentlich wichtigen Aufgabe, dass Sie sich als Mensch ständig entwickeln – primär, weil das unentbehrlich ist, um die Qualität Ihres Lebens zu steigern, und sekundär, weil es Sie zu einem interessanteren und erstrebenswerteren Partner macht.

In der Phase der Flitterwochen werden Fragen nach der persönlichen Entwicklung beiseite geschoben und beide Partner konzentrieren sich darauf, den anderen sehr gut kennen zu lernen, was durch sexuelle Anziehung, Kennenlernen und allmähliches Vertrautwerden unterstützt wird. Sie sind entflammt und die Beziehung erfüllt Sie mit prickelnder Erregung. Wenn sich das legt, bleiben zwei unvollkommene Menschen übrig, die einander hoffentlich mögen und bewundern und entschlossen sind, sich zusammenzuraufen. Aber es fehlt etwas – die Energie und Hochstimmung der Flitterwochen.

Nichts kann sie richtig ersetzen, denn diese Erfahrung ist einzigartig intensiv. Heißt das, dass die Erregung für immer aus Ihrer Beziehung verschwunden ist? Ganz sicher nicht, wenn Sie wieder darauf schauen, wer Sie im Leben sein wollen, was Sie tun wollen, wie Ihre Interessen und Ziele aussehen, und wenn Sie Schritte erkennen und tun, die Ihre Entwicklung zu einem neugierigen, aufregenden und lebensprühenden Menschen in Gang halten.

Lisa und Peter kamen zu uns, um ihre Kommunikationsfähigkeit zu verbessern, aber bald erfuhren wir, dass ihre seit 16 Monaten bestehende Beziehung kurz vor dem Ende stand. Peter, der sich als sehr verschlossener Mensch beschrieb, fühlte sich von Lisa »bedrängt«. Er klagte, sie überschreite fortwährend seine Grenzen. Wenn Peter Lisa etwas Persönliches mitteilen wollte, war sie sehr erpicht darauf, mehr zu erfahren, hilfreich zu sein, ein Gefühl der »Intimität« mit Peter zu erreichen, wodurch sie es ihm geradezu unmöglich machte, sich ihr mitzuteilen. Sie stellte viele Fragen, wollte ihre eigene Neugier befriedigen und bohrte nach, drängte ihn durch verführerisches Verhalten zum Reden, tat alles, damit er aus sich herausging. Am Ende dominierte sie das gesamte Gespräch. Er reagierte darauf mit Gesprächsverweigerung und errichtete ihr gegenüber eine unüberwindliche Barriere. Lisa war frustriert, und so versuchte sie immer entschlossener, Peter wieder und wieder zu erreichen. Diese beiden Menschen, die sich im Grunde beide einander mitteilen wollten, waren so heftig in diesen Kampf verwickelt, dass kein intimer Kontakt mehr zustande kam.

Welche Lösung gibt es für die Probleme zwischen Lisa und Peter? Einerseits müssen sie Kommunikationsfähigkeit erlernen und andererseits muss Lisa erkennen, dass Peter das Gespräch »gehört«, wenn er ihr etwas erzählen möchte. Ihre Aufgabe besteht darin, auf eine Weise zuzuhören, die es Peter erlaubt, die Kontrolle über das Gespräch zu behalten.

Noch wichtiger ist jedoch, dass Lisa ihre Persönlichkeit weiterentwickelt, um ein stärkeres Selbstwertgefühl zu bekommen. Dann verfügt sie auch über ein intensiveres Innenleben, das sie wirklich als ihr eigenes empfindet, es wird dadurch unabhängig von Peter und fühlt sich ganz, zentriert und ist bei sich. Momentan ringt sie in einer Weise um Nähe zu Peter, die bedürftig und anklammernd ist; er hingegen schreckt davor zurück, so dass sie noch verzweifelter nach Kontakt verlangt.

Wenn sie einen verlässlichen Weg findet, selbst zu wachsen und in ihrem eigenen Leben tiefere Formen der Befriedigung zu finden, wird sie selbständiger und kann Peters Grenzen besser respektieren. Paradoxerweise wird ihr Partner ihr dann voraussichtlich näher seine als jetzt, da sie sich lediglich eine verkrampfte Nähe erzwingt.

Natürlich trägt eine starke und liebevolle Partnerschaft selbst schon eine Menge dazu bei, dass Sie sich innerlich gut fühlen. Aber je mehr wir als Individuen in der Lage sind, dieses gute Gefühl in uns selbst zu erzeugen, indem wir unser eigenes Leben bereichern, desto stärker sind wir befähigt, eine noch intensivere und liebevollere Beziehung zu unserem Partner zu entwickeln. *Es gibt keinen Ersatz dafür, selbst zu wachsen und das eigene Leben reicher zu machen.*

Das eigene Wachstum zu fördern bedeutet in erster

Linie, die Verantwortung dafür zu übernehmen, dass Ihr Leben *für Sie selbst* gut läuft. In zweiter Linie bedeutet es erfreulicherweise, dass Sie ein reifer und interessanter Mensch werden. Ja, Sie werden sogar für Ihren langjährigen Partner immer attraktiv bleiben, obwohl, nein gerade weil er alle Ihre »Fehler« und »Schwächen« kennt.

Jessica und Mark sind seit acht Jahren zusammen. Sie ist kürzlich einer Wohltätigkeitsorganisation beigetreten, die sich für den Frieden in der Welt einsetzt. Das fällt nicht in den Interessenbereich von Mark, aber er hilft ihr mit Computergraphiken für die Mailings, die sie für diese Organisation verschickt. Jessica hat Freude an ihrer Arbeit für diese Organisation, weil sie dadurch viele interessante Leute kennen lernt und das Gefühl hat, etwas Wichtiges zu tun. Außerdem gefällt es ihr, dass sie mit Mark über dieses Projekt reden kann.

Max ist pensionierter Polizist. Statt untätig zu Hause herumzusitzen, ist er zwei Gartenbauvereinen beigetreten und beschäftigt sich intensiv mit vielen Aspekten der Gärtnerei. Er stellt seine Blumenarrangements aus und ist in beiden Vereinen im Vorstand. Katrin freut sich an seinen Blumen in Haus und Garten, aber noch mehr freut sie sich darüber, dass Max sich mit etwas beschäftigt, das ihn ausfüllt.

Ralph sagt oft, dass ich »die unmöglichsten Dinge veranstalte«. So etwa, dass japanische Austauschstudenten bei uns zu Hause wohnen, dass ich eine Dinnerparty mit einem französischen Gastkoch gebe, Berge von Kuhmist auf die Rosenbeete schaufle, eine Party für den chinesischen Botschafter gebe, mit Tonbandkassetten Italienisch lerne, Mailings für Wohltätigkeitsorganisationen verschicke, ein Familienfest auf die Beine stelle ... Das ist noch nicht alles, und die Tatsache, dass bei uns immer etwas los ist und dass ich das Meiste davon einfädle, ist etwas, das Ralph an mir liebt. Dass er diese Unternehmungen als »die unmöglichsten Dinge« bezeichnet, ist sein Code dafür, wie viel Spaß sie ihm machen.

Ist Ralph der Einzige, dem diese spannenden Ereignisse Vergnügen bereiten? Natürlich nicht. Ich arrangiere sie hauptsächlich deswegen, weil sie mich interessieren, sodass ich immer alle möglichen Dinge laufen habe, die mich fordern, bereichern und mir Befriedigung bringen. Sie sind Teil meines beständigen Wunsches, zu wachsen und in meinem eigenen Leben etwas Einmaliges und Besonderes hervorzubringen. Nebenbei tragen sie zu meiner Lebendigkeit bei.

Lebendigkeit

Lebendigkeit ist eine anziehende Eigenschaft. Dennoch ist überraschenderweise weder in der wissenschaftlichen Literatur noch in populären Ratgebern viel davon die Rede. Lebendigkeit verdient mehr Aufmerksamkeit, meinen wir, weil sie das Individuum nährt und knisternde Spannung in die Beziehung bringt.

Lebendigkeit beinhaltet eine Qualität der Offenheit, der Antwortbereitschaft, Belebung und Energie, die für die Menschen zutiefst attraktiv ist. Wir halten es für sehr wichtig, dass Sie Ihre Fähigkeit steigern, sich dem Reichtum, der Weite und der aufregenden Vielseitigkeit des Lebens zu öffnen.

Was zieht uns an anderen an? Lebendigkeit gehört offenbar zu den zentralen Punkten. Wir fühlen uns zu

Menschen hingezogen, die ein strahlendes Lächeln haben, emotional wach reagieren, Gedanken und Gefühle mit Leidenschaft vorbringen können, für neue Möglichkeiten offen sind, Energie besitzen und Kraft in eine gute Sache stecken. Wir lieben den Sportler, der große Handicaps überwinden muss, und das Baby mit den leuchtenden Augen und dem strahlenden Gesicht. Sie alle drücken *Lebendigkeit* aus, und vielleicht fühlen wir uns zu dieser Eigenschaft bei anderen hingezogen, weil es uns selbst lebendiger macht, sie in anderen zu erleben. *Halten Sie Ihren Lebendigkeitspegel hoch, denn dieser Aspekt ist von großer Bedeutung für die Vitalität Ihrer Beziehung. Aber wirklich lebendig bleiben Sie nur, wenn Sie dafür sorgen, dass Ihre eigenen grundlegenden Bedürfnisse erfüllt werden.*

Mit achtzehn Jahren war Hanna groß, schön und blitzgescheit – sie war quicklebendig und das Leben lag vor ihr. Mit dreißig war sie Mutter dreier lebhafter Jungen und hatte in Biologie promoviert. In ihrer Ehe war sie sehr unglücklich, aber sie glaubte, in dieser leidvollen Beziehung bleiben zu müssen, bis ihre Söhne erwachsen waren und das Haus verließen, um zu studieren. Sie war frustriert, sagte aber: »Es sind nur noch zehn Jahre.« Als wir sie einige Jahre später wieder sahen, war sie eine geschiedene Alkoholikerin, die ihren prestigereichen Arbeitsplatz verloren hatte, weil sie trank. Sie sagte, ihr Leben sei ihr mehrere Jahre lang nicht mehr lebenswert erschienen. Ihr Geist war gebrochen und obwohl sie erst 53 war, sah sie zwanzig Jahre älter aus. In letzter Zeit kamen unsere Weihnachtskarten mit dem Vermerk »unbekannt verzogen« zurück, in der Ehemaligenliste unserer Schule steht, sie sei »vermisst«, und wir fürchten inzwischen das Schlimmste.

Hannas Geschichte ist bewegend, weil sie so lebhaft illustriert, was wir für einen »seelischen Selbstmord« halten. Da sie keine andere Möglichkeit sah, als in einer qualvollen Beziehung auszuhalten, opferte sie ihre eigenen Bedürfnisse so vollständig denen ihrer drei Söhne, dass der einzige Fluchtweg schließlich im Alkohol bestand. Diese Abwärtsspirale von Entmutigung, Verzweiflung und Alkohol und das damit verbundene Scheitern ihrer Berufslaufbahn zerstörte am Ende ihre Lebendigkeit und höhlte sie innerlich völlig aus.

Das ist eine schreckliche Verschwendung der Lebensmöglichkeiten einer begabten und tüchtigen Frau und eine Tragödie für ihre Angehörigen und Freunde. Hanna war sensibel und aufmerksam für ihre Söhne, kümmerte sich aber nicht um sich selbst und ihre eigenen Bedürfnisse. Vielleicht hätte ihre Geschichte eine ganz andere Wendung genommen, wenn sie engagiert nach Wegen gesucht hätte, ihre eigenen Bedürfnisse zu erfüllen und ihren Geist lebendig zu halten, statt ihr ganzes Innenleben durch ein Übermaß an Alkohol abzustumpfen.

Im Spiel des Lebens am Ball zu bleiben, schwungvoll und vital, ist eine Aufgabe, die jeder von uns sehr ernst nehmen muss. Sie erfordert, dass Sie für Ihre eigenen Bedürfnisse sensibel sind, wie immer sie aussehen mögen. Sie haben vielleicht ein Bedürfnis nach Herausforderungen, nach Selbstausdruck, nach Entfaltungsmöglichkeiten, nach Spaß, nach Abwechslung, nach Zeit für sich allein, nach Zeit mit anderen: *Wie immer Ihre Bedürfnisse beschaffen sind, Sie müssen kreative Wege finden, sie zu erfüllen, wenn Sie Ihren Geist lebendig halten wollen.*

Wenn Sie gleichzeitig noch Ihre Beziehung lebendig erhalten wollen, müssen natürlich die Lösungen, die Sie wählen, um Ihre Bedürfnisse zu befriedigen, für Ihren Partner akzeptabel sein. Sollten daraus Schwierigkeiten erwachsen, können sie durch offene Mitteilung, empathisches Zuhören und kreatives Problemlösen beseitigt werden.

Ihre eigene Lebendigkeit zu schätzen und etwas dafür zu tun, sie im Kontext Ihrer Ehe zu fördern, ist unerlässlich. Dafür müssen Sie sowohl Ihre Bedürfnisse wie die Ihres Partners wirklich ernst nehmen. Ironischerweise gelingt es manchen Menschen nur dann, ihre Lebendigkeit, Fröhlichkeit und Spontaneität zu schützen und zu nähren, wenn sie sich feierlich und ernsthaft dazu verpflichen. Stellen Sie sich Ihre Lebendigkeit wie die wunderbare Haut eines Babys vor, die Sie vor Befleckung bewahren wollen: *Schützen Sie sich selbst in gleicher Weise vor Entmutigung und Verzweiflung.*

Wenn die immer gleiche Routine – jeden Abend das gleiche Fernsehprogramm zur gleichen Zeit, jedes Jahr derselbe Ferienort, jeden Tag derselbe Trott im Haus – Ihr Leben lähmt; wenn Stagnation und Langeweile gleich um die Ecke auf Sie warten, wenn Ihre Lebendigkeit abstirbt und Ihr Wachstum sich verlangsamt, *dann öffnen Sie Ihre Augen für die ganze weite Welt, die vor Ihnen liegt und der Sie Ihr Interesse widmen können. Hier ist ein Bruchteil von dem, was alles auf Sie wartet:*

Archäologie, Kunst, Musik, Sprachen, Reisen, Fotografie, Ökologie, Gartengestaltung, Einladungen geben, die Börse, Sport, Haus und Wohnung verschönern, bei politischen Wahlen mithelfen, Briefmarken sammeln,

Geschichte, Mathematik, Schreiben, Yoga, Kreuzwort- und andere Rätsel, Theater spielen, Schach, Gesundheit, freiwillige Arbeit leisten, sich für den Weltfrieden einsetzen, Haustiere halten, Ihr Gemüse biologisch selbst ziehen, literarische Programme, lokalpolitische Aktivitäten, Blinden vorlesen, wieder zur Schule gehen, Kurse für persönliches Wachstum besuchen, kirchliche Aktivitäten, Astronomie, den Hunger in der Welt bekämpfen, Partnerstadtprogramme, Lyrik, Umwelterhaltung, Segeln, Aktionen zur Sauberhaltung von Städten, Programme gegen Armut auf dem Lande, Alphabetisierungskampagnen, das Internet kennen lernen...die Liste ist endlos!

Sich für etwas einsetzen

Man hört oft, es sei wichtig, »sich für etwas einzusetzen, das über einen selbst hinausgeht«. Denn es ist wertvoll, sich auf eine große Herausforderung einzulassen und etwas zu haben, das dem eigenen Leben eine weitere Perspektive gibt. Wenn Sie an einer lohnenden »unendlichen« Aufgabe mitarbeiten, haftet Ihr Blick nicht mehr an kleinlichen Alltagssorgen, Ihr intellektueller Horizont weitet sich, Sie trauen sich mehr zu und Ihr Selbstwertgefühl wird genährt. All das trägt dazu bei, dass Sie ein komplexerer, tüchtigerer und sensiblerer Mensch werden, der mit sich selbst zufriedener und für den Partner befriedigender ist. Sie profitieren beide davon, in diesem erweiterten Umfeld zu leben.

Wenn Sie sich für etwas einsetzen, das über Sie hinausgeht, ist das ein Gewinn für alle – für Sie selbst, für die Beziehung zu Ihrem Partner und für die Welt im Ganzen. Wir können es nachdrücklich und aus eigener Erfahrung empfehlen.

Setzen Sie für Ihre Beziehung bewußt die Wünsche nach Außeninteressen ein, dann erreichen Sie den sekundären Nutzen, Druck von der Primärbeziehung zu nehmen. Wenn Sie *alles* von Ihrem Partner erwarten, werden Sie mit Sicherheit enttäuscht. *Keine* Beziehung kann alle Ihre Bedürfnisse erfüllen. Wenn Sie das anerkennen und lohnende, aber keine Konkurrenz aufbauende Außeninteressen entwickeln, verringert das die Last, die die Beziehung tragen muss.

Wachsen Sie psychisch

Es ist nicht leicht, zu verstehen, was die Leute meinen, wenn sie sagen, es sei wichtig, »an seiner Ehe zu arbeiten«. Fachleute und Laien aber loben einhellig den Aufwand, der sich unbedingt lohnt. Das klingt zwar vernünftig, aber wir sind dennoch zu dem Schluss gekommen, dass es genau genommen nicht die Ehe ist, an der man arbeiten muss. Natürlich ist es wichtig, eine gute Kommunikationsfähigkeit zu erlernen, weil man damit viele Ärgernisse und unnötige Verletzungen umgehen kann, die aus ungeschickter oder misslungener Kommunikation entstehen. *Ansonsten ist die wirksamste Weise, an Ihrer Ehe zu arbeiten, die Arbeit an Ihrem Selbst. Davon sind wir zutiefst überzeugt.* Es ist der beste Weg, echte Fortschritte in Ihrer Ehe zu machen und einen persönlichen Wachstumsprozess auszulösen.

Wenn Sie Verbindung zu sich selbst aufnehmen können, wissen, wie Sie authentisch mit Ihrem Partner kommunizieren können und ihm aufmerksam zuhören, können Sie mit dem Kern des anderen Verbindung aufnehmen – mit seiner Menschlichkeit. Diese Intimität ist der fruchtbarste Boden für eine Beziehung. Persönliches Wachstum ermöglicht Ihnen, sich selbst zu erkennen und gleichzeitig Ihren Partner als Ihnen sehr ähnlich zu sehen – als wertvollen, großartigen Menschen mit genau denselben Bedürfnissen und Wünschen.

Der wirksamste Weg, persönliches Wachstum zu erzielen – bei Ihnen selbst oder bei einem anderen – ist die Anwendung der drei Prinzipien Empathie, Akzeptanz und Echtheit (Kongruenz), die auch das Wachstum in allen therapeutischen Beziehungen fördern. Im Laufe der Zeit schaffen diese drei Prinzipien ein Klima, in dem Selbsterkenntnis sich entfalten, Verletzungen verheilen, scharfe Kanten sich abschleifen, selbstschädigende Verhaltensweisen aufgegeben, das Selbst sich entfalten und jeder ein Gefühl für seine eigene Bestimmung entwickeln kann, um schließlich so zu sein, wie jeder von uns gemeint ist.

Abwehr

Eine schleichende Bedrohung für Intimität und persönliches Wachstum ist die Abwehr – der reflexartige Versuch, uns zu verstecken, zu erklären oder sonstwie zu schützen, wenn wir uns angegriffen oder kritisiert fühlen. Dieses Verhalten ist bei uns Menschen außerordentlich stark ausgeprägt. Abwehr entsteht in der Kindheit, weitgehend durch die Interaktion mit unseren Eltern, die erstens versuchen, uns zu ordentlich sozialisierten Menschen zu machen, und die zweitens ein starkes Bedürfnis nach Frieden und Vorhersagbarkeit haben. Um diese Ziele zu erreichen, drohen, beschuldigen, schimpfen, befehlen, befragen, moralisieren, analysieren, kritisieren sie und probieren alles Erdenkliche aus, um uns zu bändigen. Aufgrund dieser ungeschickten Versuche, unser Verhalten zu formen, fühlten wir uns als Kinder herumgeschubst, kontrolliert, schlecht, schuldig und insgesamt ungenügend. Weil all diese Gefühle unsere Selbstachtung angegriffen haben und schwer zu ertragen waren, haben wir eine Taktik des Erklärens, Rechtfertigens und Verteidigens entwickelt, in der Hoffnung, wir könnten unsere Eltern dazu bringen, sich zu beruhigen und gut von uns zu denken. Wir haben gelernt, in die Abwehr zu gehen, und Abwehr wird schnell zu einer eingefleischten Gewohnheit.

Außerdem haben wir vielleicht Vorwürfe, Schimpfen, Ausfragen und andere Techniken, die auf Verhaltensänderungen zielen, von unseren Eltern übernommen, und diese Verhaltensweisen können bei unserem Partner leicht Abwehr auslösen.

Die folgende kleine Geschichte illustriert prägnant und kurz, wie Abwehr funktioniert: Es gab ein schweres Erdbeben und die besorgte Mutter rief nach ihrem kleinen Sohn: »Peter, wo bist du?« Der Sechsjährige antwortete: »Mami, ich war es nicht!«

Unsere Eltern haben ihre Techniken der Einflussnahme wiederum von ihren eigenen Eltern gelernt und es ist hilfreich, Mitgefühl für den Druck aufzubringen, unter dem Eltern stehen, die ihre Sprösslinge in den langen Jahren der Kindheit zu erziehen, bilden, ertragen und sozialisieren versuchen.

Dennoch ist das Überbleibsel aus diesen Jahren – die Abwehr – ein Charakterzug, der oft Teil unserer Persönlichkeit bleibt, ungeachtet der Tatsache, dass wir keine vernünftige oder verständliche Angst mehr vor elterlicher Kritik oder Zurückweisung haben müssen. Trotzdem zeigt sich dieser defensive Zug, sooft wir in eine Situation geraten, die uns bedrohlich vorkommt – wenn wir das

Gefühl haben, unser Gegenüber habe keine Empathie für uns, nehme uns nicht an oder sei nicht ehrlich. Wenn wir irgendeine Form von Gefahr wittern, reagieren wir defensiv: Wir missdeuten Kommunikation in einer Weise, die zu unseren Ängsten passt, gehen in eine kontrollierende Haltung, um Schaden zu begrenzen, verlieren Empathie und Akzeptanz für den anderen und unsere eigene Echtheit tritt hinter taktische Überlegungen zurück. Unglücklicherweise wecken diese Bedingungen leicht Abwehr bei unserem Partner, und daraus wird rasch ein Teufelskreis. Das nennt man eheliche Zwietracht!

Wenn wir schon längere Zeit zusammengelebt haben, dann kennen wir wahrscheinlich bereits defensives Verhalten bei unserem Partner – er erklärte oder sagte etwas, um sich zu schützen, und zwar in Situationen, in denen es völlig überflüssig war, weil wir ihn in keiner Weise kritisiert oder bedroht hatten. Dennoch fühlte er sich aus irgendeinem Grund gedrängt, sein Handeln zu erklären oder zu rechtfertigen. Bei unserem Partner fällt es uns leichter, die »Überflüssigkeit« der Abwehr zu erkennen, weil wir in der vorteilhaften Lage sind, zu wissen, dass wir uns nicht auf ihn stürzen und ihm seelischen Schaden zufügen wollten – und dennoch hat unser Partner sich so verhalten, als führten wir genau dies im Schilde. Unter diesen Umständen konnten wir vielleicht beobachten, wie entwürdigend es für unseren Partner war, sich gegenüber einem Menschen, der ihm nicht feindlich gesonnen ist, für sein Handeln zu rechtfertigen. Bei dieser Beobachtung erkennen wir auch, wie unnötig, zeitraubend und erniedrigend diese Abwehr ist und wie weit sie uns von unserem eigentlichen Ziel wegbringt. Manchmal haben wir vielleicht sogar die unnötigen Rechtfertigungen unseres Partners mit Ungeduld angehört.

Abwehr sollte, besonders in einer ehelichen Beziehung, gar nicht nötig sein, und vor allem sollte man erkennen, welche Bedrohung Abwehr für eine intime Kommunikation und für die ganze Beziehung darstellt. John Gottman hat bei seiner Forschungsarbeit mit Paaren an der *University of Washington* die Abwehr als einen der Schlüsselfaktoren identifiziert, die der Ehe schaden. Er schreibt: *»Abwehr kann zu endlosen Spiralen der Negativität führen. Wenn Sie den Mut aufbringen, nicht defensiv zu sein (oder es zumindest zu bemerken und so weit wie möglich zu reduzieren), wird Ihre Ehe fast mit Sicherheit besser werden.«*[5]

Wie entsteht Abwehr?

Abwehr ist ein Produkt der beiden an ihr beteiligten Personen – des Senders und des Empfängers. Selbstverständlich ist der Empfänger an der Entstehung der Abwehr beteiligt, denn es ist der Zuhörer, der etwas Bedrängendes hört und defensiv reagiert. Aber in allen Fällen ist auch das Verhalten des Senders als auslösender Faktor beteiligt, ob in kleinerem oder in größerem Maße. Es ist nicht so wichtig, festzustellen, ob der Sender oder der Empfänger mehr Verantwortung für die Entstehung der Abwehr hat, vielmehr müssen beide daran arbeiten, dass sie in ihrer Beziehung möglichst selten auftritt. In mancher Hinsicht ist Abwehr wie eine Wühlmaus: Egal, ob sie im Garten Ihres Nachbarn auftaucht oder in Ihrem eigenen, es sind in jedem Fall beide Gärten bedroht.

Die defensive Person hört etwas, das sie als Bedrohung wahrnimmt, und tritt in Aktion, um einen gefürchteten Schaden abzuwenden. Der Defensive spricht nicht nur über das Thema, um das es gerade geht, sondern sagt Dinge, von denen er denkt, sie werteten sein Image in den Augen des anderen auf. Er sagt Dinge, von denen er glaubt, sie ermöglichten ihm, zu gewinnen, zu dominieren, Eindruck zu machen, einer Strafe zu entgehen und einen erwarteten Angriff zu vermeiden oder abzuschwächen.

In manchen Situationen tritt Abwehr als Reaktion auf Umstände ein, die an eine schmerzhafte Erfahrung in einer früheren Beziehung erinnern. In einer Ehe kommen solche Situationen häufig vor, weil der Ehepartner auf einer unbewussten Ebene oft untrennbar mit den Eltern oder anderen Autoritätsfiguren in der Kindheit verflochten wird. Manchmal genügt schon eine Kleinigkeit, damit unser Partner eine Überreaktion auslöst, die auf der Verbindung zu einer ähnlichen früheren Situation beruht, die wir erlebt haben. Ein Tonfall, eine Art des Blicks, ein bestimmtes Wort – und wir sind wieder in Kontakt mit einer schmerzhaften Situation, die 20, 30 oder 40 Jahre her ist, und in der wir kritisiert, beschämt, angeschnauzt, gedemütigt wurden ... und reagieren, als würden wir gleich bei lebendigem Leibe gefressen, was wir auf keinen Fall noch einmal zulassen wollen! Wir verteidigen uns um jeden Preis und gehen in eine heftige Abwehr, die für die gegenwärtige Bedrohung absolut überproportioniert ist. In einer solchen Situation kann sich unser Partner wie ein unfreiwilliger Mitspieler in einem Ein-Personen-Stück vorkommen und sich fragen: »Was habe ich denn gemacht?«

Ein niedriges Selbstwertgefühl kann für die Entstehung von Abwehr eine wichtige Rolle spielen. Wo immer wir Stellen mit niedrigem Selbstwertgefühl haben, braucht es nicht viel von unserem Partner – vielleicht nur einen Seufzer, der gar nichts mit uns zu tun hat –, damit wir uns bedroht fühlen und defensiv werden. Ein geringes Selbstwertgefühl macht seinen destruktiven Einfluss bei vielen unerwarteten Gelegenheiten geltend und spielt bei vielen Abwehrhandlungen eine zentrale Rolle.

Abwehr beeinflussende Verhaltensweisen

In manchen Situationen ist Abwehr eine Reaktion auf Verhalten, das fast jeder als bedrohlich empfinden würde. Wie selbstsicher und unbeschadet ein Mensch auch sein mag, so sagt und tut sein Partner dennoch Dinge, die Abwehr beinahe unvermeidlich machen.

Jack Gibb hat bei seiner Forschung über Abwehr in den *National Training Laboratories*[6] sechs Verhaltensweisen identifiziert, die Abwehr fördern und sechs, die Abwehr verringern.

Abwehr fördernde Stimuli

- *Bewertung: Sprachliches oder nichtsprachliches Verhalten, das bewertend oder urteilend wirkt – Vorwürfe, moralische Urteile, gute/schlechte Bewertung, die Infragestellung von Motiven.*
- *Kontrolle: Sprachliches oder nichtsprachliches Verhalten, das den Zuhörer zu kontrollieren sucht.*
- *Strategie: Wenn der Eindruck entsteht, dass der Sender eine Strategie verfolgt, bei der unklare oder vielfältige Motive im Spiel sind.*
- *Neutralität: Eine wenig affektive Sprechweise, die kaum Wärme und Anteilnahme vermittelt, deutet auf mangelndes Interesse am Wohlbefinden des Zuhörers hin.*

- *Überlegenheit: Jedes sprachliche oder nichtsprachliche Verhalten, das einen anderen spüren lässt, dass der Sprecher ihm an Stellung, Macht, Reichtum, Intelligenz, körperlichen Eigenschaften oder in sonstiger Weise überlegen ist.*
- *Selbstgewissheit: Wenn jemand den Anschein erweckt, als wisse er alle Antworten und benötige keine weiteren Daten, wenn jemand eher als Lehrer denn als Partner auftritt und dogmatisch ist.*

Unterstützende Stimuli

Das Gegenmittel gegen Abwehr ist, ein »Unterstützendes Klima« für Sie selbst und Ihren Partner zu schaffen. Gibbs hat Gegenmittel gegen jeden der sechs Abwehr fördernden Stimuli identifiziert.

- *Beschreibung (statt Bewertung): Beschreibende Sprache erzeugt meist nur ein Minimum an Unbehagen.*
- *Problemorientierung (statt Kontrolle): Wenn der Sender den Wunsch nach Zusammenarbeit kommuniziert, erzeugt er tendenziell dieselbe Problemorientierung beim Empfänger und impliziert damit, dass er keine vorgefertigte Lösung, Haltung oder Methode hat, die er durchsetzen will.*
- *Spontaneität (statt Strategie): Verhalten, das spontan und täuschungsfrei wirkt, reduziert die Abwehr.*
- *Empathie (statt Neutralität): Kommunikation, die Empathie für die Gefühle des Zuhörers und Respekt für ihn ausdrückt, ist besonders unterstützend und mindert die Abwehr stark.*
- *Gleichheit (statt Überlegenheit): Die Abwehr sinkt, wenn man den Sender als Menschen wahrnimmt, der*

Planungen auf gleicher Ebene mit gegenseitigem Vertrauen und Respekt vornehmen will.

- *Vorläufigkeit (statt Selbstgewissheit): Die Bereitschaft, mit Verhalten, Einstellungen und Ideen zu experimentieren; vermitteln, dass der Zuhörer ein gewisses Maß an Kontrolle über das Ergebnis hat.*

Die eigene Abwehr verringern

Abwehr ist oft eine impulsive, ungeplante Reaktion, die schwer zu zügeln ist, ehe es zu spät ist. Es hilft, wenn wir daran arbeiten, uns die verschiedenen Ausdrucksweisen unserer Abwehr bewusst zu machen, damit wir anfangen können, sie unmittelbar in Aktion oder kurz danach zu beobachten. Wenn wir unser eigenes Verhalten vorwurfsfrei (mit Empathie und Akzeptanz für uns selbst) betrachten können, ist das ein gangbarer Weg, den festen Griff, in dem die Abwehr unser Unbewusstes hält, lockern zu lernen, und ermöglicht uns nach und nach, weniger defensiv, ängstlich und kontrollierend zu werden.

Wenn Ihnen bewusst ist, dass Ihr Partner Sie nicht bedrohen möchte, Sie aber dennoch Abwehr bei sich feststellen, erinnern Sie sich sanft daran: Ihr Partner hat nicht die Absicht, Sie defensiv zu machen, sondern möchte, dass Sie sich sicher fühlen. Machen Sie sich klar: Sie müssen Ihr Verhalten nicht erklären, rechtfertigen oder entschuldigen – Sie sind ein wertvoller Mensch, der mit seinem Handeln immer nach dem höchsten Niveau strebt, das ihm erreichbar ist, auch wenn das Ergebnis für andere nicht immer akzeptabel ist. Sagen Sie sich, dass Abwehr weder notwendig noch konstruktiv ist und dass sie auf subtile Weise Ihr Selbstwertgefühl angreift und unnötige Reibung in der Beziehung zu Ihrem Partner erzeugt. Entscheiden Sie sich bewusst dafür, sich *nicht* zu verteidigen, sooft sich Ihnen diese Möglichkeit bietet! Haben Sie die Kraft, auf Abwehr zu verzichten!

Wenn Sie Augenblicke von *Verletzlichkeit ohne Verteidigung* erleben, haben Sie die Chance, der Sicherheit der Beziehung zu Ihrem Partner vertrauen zu lernen. Diese beängstigenden Momente der Intimität – in denen Sie ungeschützt mit Ihrem Partner zusammen sind – öffnen die Tür zu größerer psychischer Gesundheit und zu einem tiefen Gefühl der Nähe.

Sowohl Sie als auch Ihr Partner werden erleben, dass die Reduzierung Ihrer Abwehr viele erfreuliche Nebeneffekte hat. Abgesehen von der Freiheit, sich nicht mit Abwehr beschäftigen zu müssen, werden Sie ein größeres Maß an Empathie, Akzeptanz und Echtheit in die Beziehung einbringen können, weil Sie Arbeit darauf verwendet haben, diese Bedingungen in sich selbst zu fördern. Wenn Sie mehr Sie selbst werden, weniger den Folgen der Abwehr ausgeliefert sind und den Prozess der Verringerung Ihrer Abwehr durch Beobachtung, Empathie und Selbstannahme aktiv vorantreiben, dann werden Sie ein Mensch, an dem Ihr Partner oder Ihre Partnerin mehr Freude hat.

Dass Sie den Weg beständigen menschlichen Wachstums einschlagen, ist ein wichtiger Beitrag zur Erreichung einer tiefen und reichen Beziehung zu Ihrem Partner.

Zusammenfassung

Illustrierte bombardieren Sie geradezu mit vollmundigen Tipps, wie Sie etwas für sich tun können – schöner, knackiger, sexuell attraktiver, stärker, schlanker, besser im Bett werden –, damit Sie ein glücklicherer Mensch werden, einen Partner angeln oder anhaltend reizvoll für den sein können, den Sie schon haben. Die hohen Auflagen dieser Illustrierten bezeugen den weit verbreiteten Glauben – oder vielleicht besser, die Hoffnung –, dass oberflächliche Lösungen zu diesen tief reichenden Zielen führen. Das ist im Allgemeinen nicht der Fall. Der wahre Weg, ein glücklicher und erfüllter Mensch zu werden und auf Dauer für Ihren Partner reizvoll zu bleiben, ist, dafür zu sorgen, dass Sie als Individuum wachsen – Ihre Talente und Fähigkeiten ausbauen, Ihre Perspektiven erweitern, Ihre Tiefe und Menschlichkeit fördern. Ihre persönliche Tiefe und Lebendigkeit sind Schlüsselfaktoren für die Entwicklung und Erhaltung Ihrer gelingenden Partnerschaft.

Basic 15
Die Romantik pflegen

An Rheumatismus und wahre Liebe glaubt man erst, wenn man davon befallen wird.

Marie von Ebner-Eschenbach

Eine gelingende Partnerschaft gedeiht, wie ein schöner Garten, wenn sie gut gepflegt wird. In der Flitterwochenphase einer Beziehung ist es für beide Partner ganz normal, alle möglichen romantischen Dinge zu tun. Nach den Flitterwochen nimmt das meist drastisch ab. Das ist so, als würde man einen Garten einmal düngen, solange die Pflanzen noch klein sind, und dann erwarten, dass sie aufgrund der einen Gabe von Dünger für immer wachsen und blühen. Pflanzen werden bei einer solchen Pflege leiden und eine Ehe genauso. Wie alle schönen Gärten wird eine Ehe, die mit reichhaltigen Nährstoffen versorgt wird – in diesem Fall mit liebevollen Worten und Taten –, üppig gedeihen und die Nähe schenken, die Ihre besonderen Flitterwochengefühle lebendig hält.

Die feministische amerikanische Autorin Ursula Le Guin schreibt: »Liebe ist nicht einfach da, wie ein Stein, sie muss gemacht werden, wie Brot, ständig neu geschaffen, erneuert werden.«

Wie können Sie die Romantik aufrechterhalten und die Beziehung erneuern? Sie wissen, wie! Es ist wie beim Training oder Üben – *tun Sie es einfach!* – mit Worten und Taten.

Taten

... Liebesbriefchen, Strandspaziergänge, Kosenamen, liebevolle Blicke, erotische Blicke, verspielte Blicke, Blumensträuße, Schokolade, alberne Geschenke, erotische Geschenke, besondere Überraschungen, eine Stunde ohne die Kinder verbringen, Hand in Hand fernsehen, Rückenstreicheln, Fußmassagen, spielerisches Kitzeln, gemeinsam duschen, einander auf einer Schaukel im Park anstoßen, sich hinlegen und in den Sternenhimmel blicken, Verabredungen treffen, Abendessen bei Kerzenlicht im Schlafzimmer, tanzen, Champagner, romantische Ferien – alles, was Ihnen erlaubt, die Freude zu erleben und mitzuteilen, die Sie an Ihrer Beziehung mit Ihrem Partner haben.

Herzförmige Wörter

Positive Ich-Botschaften sind ideal dazu geeignet, Ihre Liebe, Bewunderung und Anteilnahme sprachlich auszudrücken. Diese Botschaften enthalten das Wort »ich«, gefolgt von einem Verb, das Ihre Gefühle für Ihren Partner beschreibt. Der Klassiker ist »Ich liebe dich«, für das es offenbar in jeder Sprache ein Äquivalent gibt. Vielleicht deshalb, weil wir Menschen es unabhängig von unserer Kultur genießen, in einfachen, starken Worten unsere Bedeutung für einen anderen Menschen bestätigt zu bekommen. Glückliche Partnerschaften werden von positiven Ich-Botschaften genährt, und wir empfehlen Ihnen, dass Sie Ihre Fähigkeit pflegen, Ihrem oder Ihrer Liebsten solche Botschaften zu senden.

Statt Ihren Partner zu beschreiben (»Du bist schön.« »Du bist so klug.« »Du bist wunderbar!«), drücken Ich-

Botschaften etwas aus, das Ihr Partner in *Ihnen* auslöst. Sie sind Formen des Selbstausdrucks. Damit sie etwas bedeuten, müssen Ich-Botschaften ehrlich aussagen, was Sie denken und fühlen. Sie können nicht auf Schmeichelei oder Lügen beruhen. Erinnern Sie sich an die Bedeutung der Echtheit.

Weil sie etwas über Sie, den Sender, sagen und weil sie in der Gewissheit Ihrer Gefühle wurzeln, haben sie einen großen Vorteil gegenüber Standardkomplimenten wie »Du bist wunderschön.« Ein solches Kompliment könnte Ihre Partnerin rasch abtun und sagen: »Ach, meine Haare sehen schrecklich aus«, falls Ihre Aussage gerade nicht zu ihrem Selbstbild passt oder wenn es sich unbescheiden anfühlt, zuzustimmen. Wenn Sie stattdessen etwas darüber mitteilen, was Sie gerade bezüglich Ihrer Partnerin empfinden – zum Beispiel: »Ich finde dich wunderschön«, dann kann das die Partnerin leichter annehmen und sich daran freuen (vielleicht denkt sie: »Wirklich? Wow!«). Da positive Ich-Botschaften wahre Aussagen über Ihre Gefühle sind, neigt Ihr Gegenüber wahrscheinlich weniger dazu, sie zu negieren und eher dazu, sie zu genießen und sich von ihnen nähren zu lassen.

Positive Ich-Botschaften sind vielfältig und können wohltuend, herzerfreuend und sogar umwerfend sein:

»Ich stehe zu dir und ich möchte, dass unsere Beziehung gut läuft.«
»Ich vergöttere dich.«
»Ich bin ganz wild auf dich.«
»Ich finde dich klasse.«
»Ich mag, wie du riechst.«
»Ich liebe es, mit dir zu schlafen.«

»Ich möchte dein Leben mit Blumen schmücken.«
»Ich bin dein.«
»Ich mag deine Art zu denken.«
»Ich begehre dich.«
»Ich gehöre dir für immer.«
»Ich liebe dein Gesicht.«
»Ich mag es, deine Hände zu berühren.«
»Ich bin ganz beeindruckt davon, wie du das gemacht hast.«
»Ich schaue dich so gern an.«
»Ich höre dich gerne sprechen.«
»Ich mag es, wie du mit anderen umgehst.«
»Ich bin fasziniert von dir.«
»Ich bewundere dich.«
»Ich finde es wunderbar, dein Mann/Partner, deine Frau/ Partnerin zu sein.«
»Ich schätze mich glücklich, mit dir verheiratet zu sein.«
»Ich mag dich sehr.«
»Ich bin sehr glücklich mit dir.«

Verletzlichkeit

Manchmal scheuen sich Menschen, solche Botschaften zu geben, entweder aus Furcht, sich als zu verliebt und/oder zu verletzlich zu zeigen oder aus der Vorstellung heraus, sie sollten »nicht zu dick auftragen«, denn wenn der Partner wirklich wüsste, wie groß ihre Liebe ist und wie fest sie zu der Beziehung stehen, dann hätte er Oberwasser und das würde sie in eine schlechte Position bringen. Diese Vorstellungen sind Unfug.

Erstens sollten Sie unbedingt erkennen, dass Verletzlichkeit sowieso unumgänglich ist, wo es um Liebe geht. *Sie können niemanden lieben, ohne verletzlich zu sein. Liebe ist ein Gefühl, das Sie verletzlich macht – keine sichere Burg.* Und zu den Dingen, die die Liebe so kostbar machen, gehört gerade, dass sie etwas Zartes ausdrückt. Menschen reagieren auf Zartheit, auf Verletzlichkeit, auf niedliche Babys, kleine Kätzchen, süße Welpen und am allermeisten auf Ausdrucksformen der Liebe. Wenn Sie fähig sein wollen, Liebe auszudrücken, müssen Sie sich damit versöhnen, dass *Liebe ein Ausdruck von Verletzlichkeit ist.*

Zweitens ist in Ihrer Liebesbeziehung nichts so willkommen wie Botschaften der Liebe, Bewunderung und Anteilnahme. Sie verschieben nicht etwa das emotionale Gleichgewicht, sondern stärken die Bindung. Stellen Sie sich beispielsweise vor, Sie hören Ihre/n Liebste/n eines Tages statt des Standardsatzes »Ich liebe dich« sagen »Ich vergöttere dich!« Wie wirkt das auf Sie? Sagen Sie sich: »Aha! Jetzt kann ich ungestraft tun, was ich will?« Nein, höchst wahrscheinlich empfinden Sie Glückseligkeit und Zufriedenheit – nehmen ein Bad in tiefer emotionaler Sicherheit. Diese Art von Sicherheit hat wunderbare Auswirkungen auf die Menschen und bringt ihre besten menschlichen Eigenschaften zum Tragen.

Weil positive, aufrichtige Ich-Botschaften Aussagen von (manchmal sehr tiefer) Akzeptanz sind, gehören sie zu den wirksamsten, wohltuendsten und schönsten Dingen, die Sie Ihrem Partner sagen können. Sie tragen dazu bei, ein Klima zu schaffen, das die innere Schönheit und die Kraft des anderen ans Licht bringt. Und sie gehören zum Wichtigsten und Wunderbarsten, das Sie für Ihre Beziehung tun können. Solche positive Selbstoffenbarung ist ein kostenloser und befriedigender Weg, Ihren Partner zu berühren und die romantischen

Gefühle in Ihrer Beziehung zu nähren. Nutzen Sie jede Gelegenheit, Ihrer Beziehung Gutes zu tun, indem Sie Ihre Gedanken und Gefühle der Bewunderung und Liebe auf diese Weise Ihrem Partner mitteilen.

Halten Sie sich nicht zurück. Seien Sie großzügig mit Ihrer Zuneigung. Teilen Sie Ihrem Partner freimütig mit, wie viel er Ihnen bedeutet. Das können Sie tun, indem Sie Ihrer Liebsten einen teuren Brillantring kaufen – das ist eine Sprache, die viele Frauen verstehen und auf die sie erfreut reagieren – oder Sie können es mit dem Geldbeutel eines Armen und dem Herzen eines Dichters tun. Die einzige Voraussetzung ist der Wunsch, Ihren Partner oder Ihre Partnerin mit der Botschaft zu erreichen, dass er/sie für Sie einzigartig ist.

Maßgeschneiderte Zuwendung

Berücksichtigen Sie dabei die Vorlieben Ihres Partners, damit Ihre Liebesbotschaft auch sinnvoll ist und ankommt. Wenn Ihr Partner Blumen liebt, dann schenken Sie ihm Blumen, wenn er gern einen Tag wegfahren würde, dann fahren Sie gemeinsam einen Tag weg, wenn Ihr Partner Freude an Gedichten hat, zücken Sie Papier und Stift, wenn Ihre Partnerin gern mit Ihnen schläft, legen Sie romantische Musik auf. (Weitere Anregungen finden Sie in Basic 9: »Liebe so ausdrücken, dass sie ankommt«.)

Oft geben die Menschen anderen, was *sie selbst* gern hätten, und nicht das, was ihr Gegenüber möchte. Der beste Weg, die romantischen Gefühle zu nähren, ist, dem Partner zu geben, was er sich wünscht. Versetzen Sie sich in seine Lage oder erinnern Sie sich an einen Wunsch, den er geäußert hat, und erfüllen Sie ihn – je nachdem einmal oder immer wieder. Wenn Sie das Gefühl haben, Sie hätten zu wenig eigene Einfälle, dann nehmen Sie ein Buch zu Hilfe. Gregory Godeks Buch *399 romantische Augenblicke* (siehe Literaturverzeichnis) ist eine reiche Quelle kreativer Ideen. (Wer wäre nicht entzückt, zu erfahren, dass sein Liebster oder seine Liebste ein Buch zu Rate gezogen hat, um die Fähigkeit zu erweitern, Liebesgefühle auszudrücken!) Machen Sie kein Geheimnis aus Ihrer Entschlossenheit, die Beziehung mit Ihrem Liebsten zu nähren.

Nehmen Sie die Idee ernst, dass Ihre Ehe wie alles Lebendige das Äquivalent von Nahrung, Wasser, Sonnenschein und liebevoller Aufmerksamkeit braucht, um zu gedeihen. Schenken Sie verschwenderisch Zeichen Ihrer Liebe und beobachten Sie, wie Ihre Beziehung aufblüht!

Basic 16
Einen Bund fürs Leben schließen

Ketten halten eine Ehe nicht zusammen. Es sind Fäden, Hunderte feinster Fäden, die die Menschen im Laufe der Jahre miteinander verweben.

Simone Signoret

Vor Jahren hat einmal ein Kollege unsere Ehe mit seiner eigenen verglichen und gesagt: »Das Großartige an euch beiden ist, dass ihr einen Bund fürs Leben geschlossen habt.« Wir wussten intuitiv, was er meinte – dass wir, unabhängig von einem bewussten Entschluss oder von rationalem Nachdenken darüber, warum wir in dieser Beziehung blieben, irgendwie seelisch zusammengewachsen waren und zusammenbleiben würden. Ganz gleich, welche Schwierigkeiten und Stürme wir miteinander zu bewältigen haben, die Beziehung zu beenden kommt für keinen von beiden jemals ernsthaft als Möglichkeit in Betracht.

Wir begannen uns für das Konzept eines Bundes fürs Leben zu interessieren, obwohl wir nicht klar definieren konnten, wie er zustande kam, und nicht einmal wussten, ob er in allen Fällen etwas Gutes war – was war, wenn er einen in einer schrecklichen Beziehung festhielt? Ein Bund fürs Leben erscheint uns sehr wertvoll und wir sehen Faktoren, die durchaus zu seiner Entstehung beitragen könnten, aber wir sagen ganz klar: Wenn Sie im Grunde Ihres Herzens wissen, dass die Beziehung Ihnen schadet, dann halten Sie nicht an ihr fest! Wir bieten dieses Konzept Menschen in guten Beziehungen als stärkende Bereicherung für eine ideale Partnerschaft an. Das Wörterbuch hält einige erhellende Definitionen für uns bereit:

Bindung: Etwas, das Individuen oder Völker zusammenhält; etwas, das bindet oder befestigt; ein zementierendes Bindemittel; die starke und dauerhafte Qualität von Zuneigung.

Binden: Zusammenfügen, zusammenhalten oder befestigen mit Hilfe eines Bandes oder einer Bindung; bewirken, dass etwas fest zusammenhält.

Diese Definitionen passen ganz gut zu dem, was wir erfahren. Der Wert, den der Bund fürs Leben für uns hat, ist das außerordentlich gewachsene Vertrauen in das langfristige Bestehen unserer Beziehung – das Gefühl, dass wir nicht länger Zeit und psychische Energie an Fluchtphantasien oder Verlassenheitsängste verschwenden müssen. Stattdessen können wir uns darauf konzentrieren, unser Leben zu gestalten und es von der Warte einer ungewöhnlich stabilen Beziehung her anzugehen.

Wie kommen Paare zu einem Bund fürs Leben? Manche durch eine Feuertaufe – indem sie ein schwieriges Problem oder eine Katastrophe erfolgreich zusammen durchstehen und es schaffen, dabei die Verbindung ihrer Herzen intakt zu halten. Daraus gehen sie mit einer gefestigten Bindung hervor. Im Rückblick glauben wir, dass ein katastrophaler Arbeitsplatzverlust sehr früh in unserer Beziehung eine wichtige Rolle für die Festigkeit unserer Bindung gespielt hat – wie sich gezeigt hat, war das ein verkappter Segen.

Was andere betrifft, so glauben wir, dass es möglich ist, bewusst Bedingungen zu schaffen, die einen festen Bund fördern und ihnen helfen, auf ihre Weise zusammenzuwachsen. Wir halten fünf Hauptfaktoren für entscheidend:

- *Ihre Absichten in Bezug auf die Beziehung*
- *Ihre bewusste Anwendung der in den 16 Basics dargelegten Prinzipien*
- *Ihre Teilnahme an gemeinsamen Aktivitäten*
- *Die Aufgabe Ihrer Abwehr gegen die Verbindlichkeit*
- *Das gemeinsame Bestehen der Feuerproben des Lebens für eine längere Zeit*

Absichten

Wie sehen Ihre Absichten in Bezug auf diese Beziehung aus? Haben Sie vor, dafür zu sorgen, dass die Beziehung mit diesem Partner klappt? Stehen Sie emotional zu dieser Beziehung? Lieben Sie diesen Menschen? Liegt er Ihnen ehrlich am Herzen? Sind Sie wirklich mit Leib und Seele dabei?

Wenn die Antwort auf eine dieser Fragen »nein« lautet, dann ist zweifelhaft, ob Ihre innere Ausrichtung eindeutig genug ist, um einen Bund fürs Leben zu schaffen. Wenn Ihre Antwort durchgängig »ja« lautet, dann tun Sie bereits eine Menge, um die Fäden zu weben, die eine Beziehung zusammenhalten.

Die Basics nutzen

Die bewusste Absicht, in einer verbindlichen Beziehung zu leben, stellt zusammen mit der Anwendung der Prinzipien, die in den Basics der gelingenden Partnerschaft vorgestellt wurden, ein nützliches Werkzeug dar, eine verlässliche Bindung voranzubringen. Und sie liefert Ihnen ein Fundament, das für alle Aspekte Ihrer Beziehung hilfreich ist. Die Basics sorgen dafür, dass Sie eine gemeinsame Auffassung davon bekommen, welche Verhaltensweisen Beziehungen schädigen und wie Sie sie verhindern können, und ebenso eine gemeinsame Auffassung davon, welche Verhaltensweisen Beziehungen stärken und wie Sie sie anwenden können. Diese Basics zu nutzen, ist – abgesehen von vielen anderen Vorteilen – ein zentrales Element zur Schaffung der Bedingungen, unter denen ein Bund fürs Leben entstehen kann.

Gemeinsame Aktivitäten

Ein dritter Bindungsfaktor ist offenbar, Aktivitäten zu pflegen, die Ihnen das Gefühl der Gemeinsamkeit geben und Sie spüren lassen, dass Sie Ihr Leben miteinander teilen. Beispiele dafür sind: Ihren Partner zu seinen »großen Ereignissen« begleiten, Geld und anderen Besitz teilen, Dinge tun, die dem Partner helfen, zusammen zur Gymnastik gehen, sich zur Anteilnahme an der Befindlichkeit des Partners »bekennen« (etwa eine Erklärung so formulieren: »Ich kann nicht kommen, weil ich mich um meine Frau kümmern will, der es nicht gut geht«, statt zu sagen: »Ich kann nicht kommen, weil meine Frau krank ist«).

Natürlich wird ein jeder von Ihnen auch eigenständige Interessen und Aktivitäten wahrnehmen, aber seien Sie sich bewusst, dass Sie einen erheblichen Anteil an gemeinsamen Aktivitäten brauchen, wenn Sie einen Bund fürs Leben anstreben.

Eine Haltung der Gemeinsamkeit ist auch in unzähligen schwierigen Momenten wertvoll. Wenn etwa jemand aus der Verwandtschaft, der zu Besuch da ist, irritierende Dinge tut, dann ist es wichtig, dass Sie beide – vor allem vielleicht der nicht verwandte Partner – die Chance bekommen, beim anderen über das Verdruss bereitende Verhalten Dampf ablassen zu können und dabei einen empathischen Zuhörer zu haben. Auch wenn der Gast Ihre Mutter, Ihr Bruder oder wer immer sonst ist, bringt es Sie viel weiter, einfühlsam auf die Klage Ihres Partners zu hören, als die Handlungsweise Ihrer Verwandten zu verteidigen. Distanzieren Sie sich in solchen Momenten von dem Gefühl der Loyalität gegenüber der Familie und erlauben Sie Ihrem Partner, Ihnen gegenüber seinen Ärger oder seine Verletztheit auszudrücken. Wenn Sie ihm das verweigern, fühlt sich Ihr Partner in einem kritischen Augenblick im Stich gelassen.

Das bedeutet nicht, dass Sie sich mit Ihrem Partner gegen Ihre Verwandten verbünden oder Letztere wegen ihrer kränkenden Bemerkung oder Verhaltensweise konfrontieren müssen – das ist die Aufgabe des Betroffenen, wenn es nötig ist. Ihre Aufgabe besteht einfach darin, ein offenes Ohr zu haben. Es wird nicht mehr von Ihnen verlangt als einfühlsame Akzeptanz, die in Zeiten von Stress das Gefühl der Gemeinsamkeit stärkt, welches ein wichtiger Bestandteil eines festen Bundes ist.

Ein anderer für lange Zeit existenzieller Bereich, in dem es unerlässlich ist, Gemeinsamkeit zu entwickeln, ist das Großziehen von Kindern. Dieser Prozess erstreckt sich über zwanzig Jahre, er bringt ständig Herausforderungen und Belastungen ebenso wie tiefe Freuden mit sich und ist häufig von kleineren oder größeren

Meinungsverschiedenheiten über das beste Vorgehen begleitet. Es kann leicht dazu kommen, dass unterschiedliche Meinungen über die Erziehung einen Keil zwischen Sie und Ihren Partner treiben. Eine ausführlichere Besprechung dieses Themas finden Sie weiter hinten im Kapitel »Kinder und die Beziehung«.

Um das Gefühl der Gemeinsamkeit zu erhalten, sollten Sie stets daran denken, dass das Aufziehen eines Kindes oder mehrerer Kinder etwas ist, für das Sie beide sich *im Kontext Ihrer Beziehung* entschieden haben. Es ist ein gemeinsames, langfristiges Unternehmen, bei dem jeder von Ihnen unterschiedliche Zuständigkeiten und Schwierigkeiten haben mag und jeder seine eigene Beziehung zu den Kindern hat, das Sie jedoch teilen, wie niemand sonst auf der Welt. Sie beide haben die Verantwortung dafür, diese Kinder auf die Welt gebracht zu haben und ihnen zu helfen, erfolgreich das Erwachsenenalter zu erreichen. In diesem Kontext einer tiefen partnerschaftlichen Gemeinsamkeit müssen Sie dann, wenn die Probleme zu massiv, ja unerträglich werden, zu Ihrem Partner gehen können und ein offenes Ohr finden. Es ist tröstlich zu wissen, dass Differenzen über Erziehungsstile einem einfühlsamen Zuhören nicht im Weg stehen werden, wenn etwas schief geht.

Wenn mitfühlende Akzeptanz immer möglich ist, können Sie Vorzüge der Gemeinsamkeit erleben, die viele Lasten leichter machen, und die Prüfungen der Elternschaft werden Ihre Bindung nur noch stärken.

Geben Sie Ihre Abwehr gegen Verbindlichkeit auf

Bei den meisten Paaren ist wahrscheinlich das größte Hindernis für einen Bund fürs Leben und den Genuss der damit verbundenen Vorzüge, dass einer oder beide Partner das Bedürfnis haben, sich heimlich eine Hintertür offen zu halten: »Vielleicht wird er oder sie sich ändern, dann lasse ich mich wirklich ein.« Oder: »Vielleicht lerne ich noch jemand Besseren kennen.« Oder: »Vielleicht werde ich verletzt, wenn ich mich allzu tief einlasse.«

Diese Abwehrstrategien gegen Verbindlichkeit verweisen auf verständliche Ängste und Phantasien, bedeuten aber, dass Sie heimlich eine endgültige Festlegung verweigern. Sie bringen eine Handbreit (oder einen Kilometer) Abstand zwischen Sie beide, der eine tiefe Bindung erschwert.

Wenn Sie nach reiflicher Überlegung zu dem Schluss kommen, dass diese Beziehung verdient, in den Status einer idealen Partnerschaft erhoben zu werden, dann müssen Sie den Mut aufbringen, Ihre Vorbehalte beiseite zu stellen und die Abwehr aufzugeben. *Irgendwie* müssen Sie es fertig bringen, sich selbst und Ihrem Partner zu sagen:

»Ich stehe zu dieser Beziehung, komme, was da wolle. Was immer auch geschehen mag, ich habe die Brücken hinter mir abgebrochen!«

Sich selbst die Fluchtwege abzuschneiden, gehört zu den großen Wagnissen des Lebens, aber in einer guten Beziehung sind die Risiken klein. Und der Gewinn kann riesig sein. Diese letzte Handbreit Abstand preiszugeben, kann eine Beziehung verwandeln, die Gewißheit geben, viel tiefer als vorher zu lieben, und das letzte Hindernis für einen Bund fürs Leben ausschalten.

Zeit

Zeit wirkt in einer guten Beziehung beinahe Wunder. Die Zeit verbündet sich mit den ersten vier Faktoren und trägt dazu bei, dass sich das Gefühl für die Qualität Ihrer Beziehung wandelt. Gemeinsam verbrachte Zeit und das gemeinsame Meistern von Problemen in der komplexen Wirklichkeit des Lebens schaffen ein festes Band echter Zusammengehörigkeit.

Ist ein Bund fürs Leben für alle das Richtige?

Ein Bund fürs Leben ist ein ganz besonderer Grad der Verbindlichkeit und der Identifizierung mit einem anderen Menschen, der einer tiefen Beziehung vorbehalten ist, die in Liebe und Vertrauen gründet. Wir können Ihnen daher in Bezug auf einen Bund fürs Leben nur raten, weise zu lieben – stürzen Sie sich nicht in eine Beziehung und legen Sie sich nicht auf eine Bindung fest, die die Tragfähigkeit Ihres Verhältnisses übersteigt. Lernen Sie den Menschen kennen, mit dem Sie zusammen sind, entwickeln Sie über einen längeren Zeitraum hinweg Vertrauen und emotionale Intimität. Und wenn Sie wissen, dass die Beziehung für Sie stimmt und Sie Ihrem Partner oder Ihrer Partnerin tiefe Liebe und volles Vertrauen entgegenbringen, dann legen Sie sich unwiderruflich fest. Lassen Sie den Rest Ihrer emotionalen Abwehr fallen und öffnen Sie sich diesem Menschen ganz. Bekennen Sie sich zu einer gemeinsamen Zukunft. Und erlauben Sie der Zeit, Sie in einer *gelingenden und gücklichen Partnerschaft* zusammenzuschmieden.

Teil 2

Die praktische Nutzung der Basics

Jede Beziehung ist einzigartig, hat ihre spezifischen Zeichen der Nähe und spezifischen Schwierigkeiten und Spannungen. Die Basics einer idealen Partnerschaft, die in diesem Buch dargestellt werden, sind universell anwendbar – ganz gleich, was für Menschen an der Beziehung beteiligt sind. Dennoch haben manche Beziehungen Eigenschaften und werfen Probleme auf, die für unser Gefühl eine gesonderte Besprechung erfordern. Diese Beziehungen erörtern wir in den folgenden fünf Kapiteln.

1. Zusammenleben

Die Bande, die uns mit einem anderen Menschen vereinen, existieren nur in unserem Geist.

Marcel Proust

Unverheiratet zusammenlebende Paare waren einst eine Seltenheit, sind in unserer heutigen Welt jedoch zahlreich und ihre Beziehungen decken das ganze Spektrum von kurzlebigen Experimenten bis zu langjährigen verbindlichen Partnerschaften ab.

Für manche Paare stand Heiraten nie zur Debatte und das wird auch so bleiben. Sie leben zusammen, gestalten ihr Leben gemeinsam, stehen fest zu ihrer Beziehung und sind bei ihren Familien und Freunden als Paar akzeptiert. Aus irgendeinem Grund – und es gibt viele Gründe – haben diese Paare kein Interesse daran, zum Standesamt zu gehen und sich trauen zu lassen.

Andere Paare ziehen in eine gemeinsame Wohnung, kaum dass sie miteinander im Bett gelandet sind. Später stellen sie dann fest, dass ihre Devise lautete: »Wir bleiben zusammen, solange es uns beiden gefällt.« Bei vielen dieser Verbindungen wird am Ende der Flitterwochen ein Partner ohne Aussicht auf Rückkehr vor die Tür gesetzt.

Für wieder andere Paare ist das Zusammenleben ein Schritt auf dem Weg zur Ehe. Wenn sie eine Weile befreundet sind und dabei feststellen, dass ihre Beziehung tiefer wird, beschließen sie, zusammenzuziehen, normalerweise auf der Basis der Ausschließlichkeit – eine Art voreheliche Prüfung, ehe man sich ewig bindet. Wenn alles gut geht, heiraten sie irgendwann.

Zusammenleben bedeutet für jedes Paar etwas anderes. Das Maß an Tiefe und Verbindlichkeit kann sehr niedrig oder sehr hoch sein. Weil kein öffentliches Bekenntnis zur Verbindlichkeit abgelegt wird, ist für Außenstehende nicht auf den ersten Blick erkennbar, was diese Beziehung für die Beteiligten bedeutet – und auch sie selbst können sich über die Natur ihrer Beziehung entweder völlig im Klaren sein oder ziemlich im Dunkeln tappen.

Benjamin und Melanie haben sich auf dem Universität kennen gelernt. Nach dem Studienabschluss zogen sie nach New York und nahmen sich eine gemeinsame Wohnung. Zeitweise sind sie ein Liebespaar, zeitweise haben beide andere Partner und leben nur wie in einer Wohngemeinschaft zusammen. Zur Zeit sind beide mit dieser Art des Zusammenlebens zufrieden – sie teilen sich die Kosten und einen Teil ihres Lebens, bleiben aber in anderen Bereichen getrennt. Ihre Eltern haben nach einer Phase der Verwirrung zögernd begonnen, sich mit diesem ungewöhnlichen Arrangement anzufreunden.

Andrea und Jakob taten sich zusammen, nachdem beide schon einmal verheiratet waren – sie nur kurz, er in erster Ehe 20 Jahre und dann noch einmal kurz in zweiter Ehe. Sie kannten sich vom Arbeitsplatz her, hatten sich nach und nach angefreundet und waren allmählich ein Liebespaar geworden. Nachdem sie ein paar Monate zusammengelebt hatten, wollte Andrea gerne heiraten. Jakob liebte sie, brachte es aber nicht über sich, noch einmal zu heiraten. Das war schwer für Andrea, aber sie rang sich dazu durch, ihn deshalb nicht unter Druck zu setzen. Nachdem sie fünf Jahre zusammengelebt hatten und Jakob sich emotional »verheiratet« fühlte, konnte er einer rechtlichen Besiegelung ihrer Beziehung zustimmen. Andreas Mutter war überglücklich.

Sascha und Verena vereinten ihre beiden Haushalte und die Kinder aus zwei vorangegangenen Ehen zu einer neuen, gemeinsamen Familie – sie zogen in eine neue Stadt, kauften ein Haus, verbrachten die Ferien mit allen Kindern zusammen und trugen gemeinsam Sorge für die alternden Eltern von beiden. Sie heirateten nie und sagten immer, sie hätten es auch nicht vor, aber alle ihre Freunde wussten, dass sie ein Paar waren, das fest zusammenhielt. Zu jedermanns Überraschung beschlossen sie, zur Feier ihres 25-jährigen Zusammenlebens zu heiraten. In ihrer zauberhaften Hochzeitseinladung hieß es, sie seien »ein schwerer Fall von unheilbarer Liebe!«

Anatol und Alexa kennen sich seit ihrer Schulzeit und leben schon vierzehn Jahre zusammen. Sie führen beide ein arbeitsreiches Leben mit Ganztagsjobs und vielen anderen Aktivitäten und haben daher beschlossen, keine Kinder zu wollen. Sie sind eng miteinander verbunden, aber da sie eine Zukunft ohne Kinder geplant haben, wollen sie auch nicht heiraten. Ihre Eltern sind enttäuscht, nicht auf Enkelkinder hoffen zu dürfen, haben aber ihr Zusammenleben völlig akzeptiert.

Während zwei dieser Paare schließlich heirateten, werden es die beiden anderen wohl nicht tun, und in unserer Zeit haben sie auch wenige oder gar keine Sanktionen zu erwarten, wenn sie »in Sünde leben«, wie man das früher abschätzig nannte. Das ist ein Glück für sie, denn eine dauerhafte Beziehung gut zu gestalten ist schon ohne die Last der gesellschaftlichen Ächtung schwer genug. Wie ist aus einem »Leben in Sünde« ein Leben mit einer »ständigen Bezugsperson« geworden?

Von der Zeit der frühesten Kulturen bis ins vergangene Jahrhundert hinein haben die Menschen hauptsächlich in Agrargesellschaften gelebt, in denen der Lebensunterhalt vorwiegend durch Ackerbau gesichert wurde. Der einzige Reichtum, den man vererben konnte, war Land, und erben konnten in der Regel nur Männer; eine wirksame Geburtenkontrolle gab es nicht und ein uneheliches Kind und seine Mutter waren praktisch zum Betteln verurteilt. Daraus ergab sich die Notwendigkeit einer extrem rigiden Sozialordnung, die ein klar geregeltes Erbrecht garantierte und soziale Klassen schützte. Die Institution, die für beides sorgte, war die Ehe. Damit das System funktionierte, musste die Ehe sakrosankt und unantastbar sein.

Aufgrund ungeheuer großer Veränderungen in den letzten hundert Jahren – wie etwa dem Wandel von einer Agrargesellschaft zur Industrie- und zur Informationsgesellschaft sowie der Entwicklung wirksamer Verhütungsmittel – ersetzt ein breites Spektrum von Berufen und Arbeitsplätzen das Vererben von Land; Frauen sind nicht mehr nur für das Kindergebären zuständig und haben eine grundsätzliche Gleichstellung mit dem Mann erlangt, eine rigide Erbfolgeregelung ist nicht mehr notwendig. Damit sind gleichzeitig die wirtschaftlichen und sozialen Zwänge verschwunden, die eine traditionelle Ehe verlangt haben, und die noch fortdauernde Missbilligung der Scheidung und des unverheirateten Zusammenlebens ist inzwischen so gut wie erloschen.

Aber die neuen Freiheiten haben auch neue Herausforderungen gebracht. Wenn sich ein Paar entscheidet, nicht zu heiraten, welcher Ersatz ist dann für das Ehegelöbnis verfügbar, um die beiden zusammenzuhalten, und was gibt dem Leben der Partner Bedeutung?

Interessanterweise ist die Antwort auf diese Fragen offenbar in denselben Werten zu finden, die auch den besten Ehen Bedeutung und Beständigkeit verleihen – eine enge, liebevolle Beziehung und eine tiefe Bindung. Und jedes Paar muss auf seine eigene Weise danach suchen.

Die Art der Beziehung klären

Für manche Paare bedeutet das Fehlen eines Ehegelöbnisses, dass sie noch nicht gemeinsam formuliert haben, welche Bedeutung ihre Beziehung hat. Viele Paare finden es schwierig, über dieses Thema zu reden; es fällt ihnen leichter, »einfach zusammenzuleben« und zu hoffen, dass sich irgendwie alles von selbst zufriedenstellend regelt.

Andere fürchten sich vor der Verbindlichkeit einer Ehe oder wollen einfach nicht heiraten, ihnen erscheint das Zusammenleben als eine weniger bedrohliche, leichtere Möglichkeit. Das mag zwar einige rechtliche Komplikationen aus dem Weg räumen, aber es eliminiert keine der wesentlichen Fragen und auch nicht die Bedeutung der Kommunikation für den Aufbau einer geglückten Beziehung.

Wenn Sie beginnen, sich ernsthaft auf eine Beziehung einzulassen, werden Sie über sie reden. Für manche jungen Leute signalisiert das den Übergang zu einer »festen« Beziehung. Für Leute, die zwanglos zusammenleben, sind Gespräche über »ihre Beziehung« ein Zeichen, dass sie ein Paar geworden sind. Tatsächlich sind Sie sogar dann, wenn bereits sexuelle Intimität besteht, bis zur Entwicklung von Diskussionen über Ihre Beziehung wahrscheinlich weniger ein »Paar« als »Freunde mit Privilegien«.

Damit Beziehungen gelingen können, ob mit oder ohne Trauschein, müssen die Partner eine gemeinsame Basis für ihre Beziehung suchen, diskutieren und entwickeln. Im Idealfall ist das ein ständiger, nie abgeschlossener Prozess, in dem neue Auffassungen und Klärungen artikuliert werden, wenn sich die Gefühle im Laufe der Zeit verändern. Über Ihre Beziehung zum Partner und Ihre Verständigungsbasis auf dem Laufenden zu bleiben, ist ein wichtiger Bestandteil einer geglückten Beziehung.

Wenn unverheiratete Paare erkunden und herausfinden, wie wichtig sie einander sind, wie stark ihre Liebe und Zuneigung ist, welche Rolle sie jetzt im Leben des anderen spielen und spielen möchten, welche Hoffnungen und Erwartungen sie für ihr zukünftiges gemeinsames Leben haben, dann ist das sehr hilfreich. Selbst wenn ihre Gefühle für einander nicht völlig geklärt sind oder sich noch nicht deutlich herausgebildet haben, so stärkt doch ein Austausch darüber das Vertrauen in einander und in die Verbindung. Ohne dieses Gespräch kann die Beziehung leiden. Außerdem könnten im Verborgenen falsche Erwartungen und ernsthafte Missverständnisse entstehen und später zu schmerzhaften Fehlentscheidungen und verletzten Gefühlen führen.

Am anfälligsten für diese Gefahren sind wahrscheinlich junge, unverheiratete Paare, die Angst haben, ihre Beziehung würde einen forschenden Blick nicht überdauern, und stillschweigend beschließen, das Beste zu hoffen, statt das Thema zur Diskussion zu stellen. »Das Beste« wäre wahrscheinlich, den Mut aufzubringen, sich den Tatsachen zu stellen, ehe man große Teile seines Lebens in eine Beziehung investiert, die auf Unklarheit und Ungewissheit beruht. Wenn beide feststellen, dass es an Substanz fehlt, können sie sich verheißungsvolleren Partnern zuwenden. Wenn sie eine echte Basis für das Zusammenbleiben finden, werden sie den lohnenden Prozess begonnen haben, gemeinsam eine tragfähige Zukunft aufzubauen.

Verbindlichkeit

Für viele Paare, die zusammenleben, entsteht ein besonderer Stress durch eine Beziehung, die ohne irgendeinen Ausdruck der Verbindlichkeit besteht. Das kann bedeuten, dass es einem Partner offen steht, zu gehen, sobald es Spannungen oder Konflikte gibt. Es kann eine Quelle der Angst und Verletzlichkeit sein, wenn einem Partner die Möglichkeit gegeben ist, einfach aus der Beziehung auszusteigen ist, und ein Klima der Unsicherheit entstehen lassen.

Sich klar zu der Beziehung zu bekennen und zu wissen, dass das auch der andere tut, ist daher ein wichtiges Element, wenn man Stabilität und Zufriedenheit erreichen will, ob man nun verheiratet ist oder nicht.

Vielen Menschen fällt es aber schwer, sich zu einer solchen Verbindlichkeit zu bekennen. Bei manchen ist das ein Ausdruck für ein unterschwelliges Infragestellen der Beziehung oder eine Unzufriedenheit mit ihr. Bei anderen, die in ihrer Beziehung glücklich sind, wurzeln die Probleme mit der Verbindlichkeit in der Angst, sich in der Falle zu fühlen: »Und wenn es nicht klappt? Und wenn jemand kommt, der noch besser zu mir passt? Und wenn ich merke, dass ich mich einfach frei fühlen möchte?« *Diese Leute – es sind häufiger Männer als Frauen – haben noch nicht die Stichhaltigkeit des Sprichwortes: »Wer nicht wagt, der nicht gewinnt« begriffen. Wie im übrigen Leben gibt es auch in Beziehungen keine Garantien, aber wenn Sie nie bereit sind, für eine gute Beziehung alles auf eine Karte zu setzen, werden Sie nie eine haben, die diesen Namen wirklich verdient.*

Für wieder andere ist der Stolperstein, dass sie missverstehen, was Verbindlichkeit ist, und sie als Versprechen an den Partner ansehen, als eine Verpflichtung gegenüber diesem Partner, ganz im Sinne von: »In guten wie in bösen Tagen, in Gesundheit und Krankheit«, wie es im altehrwürdigen Ehegelöbnis heißt.

Ein wahres Bekenntnis zum anderen ist aber nicht mit dem Ehegelöbnis identisch. Es ist ein inneres Gelöbnis *sich selbst gegenüber*, dem Menschen, den Sie lieben, treu zu sein und sich von jetzt an ihm und Ihrer Beziehung zu ihm zu widmen. *Dieses Versprechen geben Sie nicht Ihrem Partner oder Ihrer Partnerin, sondern sich selbst.* Wenn Sie diese wichtige Entscheidung auch Ihrem Partner gegenüber aussprechen, stärkt die offene Erklärung Ihre Entschlossenheit, das Versprechen auch zu halten. Und das Wissen um Ihr Gelöbnis trägt bei Ihrem Partner zu Nähe und Vertrauen bei.

Ein solches Versprechen, das Sie sich selbst geben, hat mit Ihrer Integrität zu tun und wird dadurch zu einer wichtigen Komponente Ihres Selbstbildes. *Ihre Selbstachtung wird entscheidend davon abhängen, ob Sie zur*

Verbindlichkeit Ihrer Partnerbeziehung stehen. Tun Sie das nicht, beeinträchtigt das Ihre Fähigkeit, sich selbst zu vertrauen. Folglich ist es zentral für Ihre tiefsten Gefühle gegenüber sich selbst.

Sich zu einer Beziehung zu bekennen ist daher ein großer Schritt in Ihrer Entwicklung zu einem verantwortlichen und rundum lebenstüchtigen Menschen, außerdem festigt die Bedeutsamkeit dieses Schrittes die Beziehung zu Ihrem Partner.

Paare, die mit einem hohen Maß von Akzeptanz, Verständnis und Verbindlichkeit zusammenleben, haben starke, eheähnliche Beziehungen. Wer ohne diese Elemente zusammenlebt, riskiert erhebliche Probleme, wenn die Flitterwochenphase zu Ende geht. Wenn Ruhe einkehrt und die Illusionen der Wirklichkeit weichen, ist die Arbeit am Aufbau der Beziehung für das Glück unverheirateter Paare ebenso entscheidend wie für das Glück verheirateter. Und da es keine rechtlich abgesicherte Verbindlichkeit gegenüber dem anderen gibt, kann man sagen, *Beziehungsarbeit ist für unverheiratete Paare sogar noch wichtiger.* Für unverheiratet zusammenlebende Paare sind vielleicht die folgenden Basics besonders hilfreich:

Basic 1: Ziele setzen

Da beim Zusammenleben die rechtlichen, religiösen und sozialen Symbole und Zeichen einer traditionellen Ehe fehlen, kann Ihnen die Formulierung Ihrer gemeinsamen und akzeptierten Ziele für die Beziehung und für Sie selbst als Individuen eine hilfreiche und dringend nötige Struktur geben. Das gilt ganz besonders für neue Beziehungen, in denen es vielleicht noch nicht viele Diskussionen und Absprachen über Ziele gegeben hat. Gemeinsame und akzeptierte Ziele zu finden und zu formulieren hilft einem Paar, seine Gedanken auf die Zukunft zu richten, gibt der Idee, das Leben gemeinsam fortzusetzen, mehr Substanz und hebt das Vertrauen beider Partner, dass die Verbindung Bestand haben wird.

Basic 5: Stärkendes Zuhören üben

Stärkendes Zuhören ist besonders ergiebig für Paare, die noch nicht lange zusammen sind, denn es hilft ihnen, sich besser und tiefer kennen zu lernen und Kontakt zu den Bedürfnissen, Wünschen, Ängsten, Hoffnungen, Träumen und der Menschlichkeit des anderen aufzunehmen. Noch größer wird sein Wert, wenn die Flitterwochen und das Sprudeln der Hormone nachlassen und die unvermeidlichen Fehler im Charakter Ihres Partners sichtbar zu werden beginnen. Stärkendes und stilles Zuhören sind Fenster zum innersten Wesenskern Ihres Partners. Entwickeln Sie Ihr Talent zum Zuhören und bereichern Sie Ihre Beziehung, indem Sie diese wichtige Gewohnheit früh in die Beziehung einführen!

Basic 6: Auf Vergeltung verzichten

Die Versuchung, in eine Haltung des »Was dem einen recht ist, ist dem anderen billig« zu verfallen, ist gerade zu Beginn einer Beziehung groß und verschwindet nie von selbst wieder. Sie ist eine der attraktivsten und zugleich destruktivsten Verlockungen, der ein Paar erliegen kann, um zu bestrafen, zu manipulieren und der Verantwortung auszuweichen. Sorgen Sie vom ersten Tag Ihrer Beziehung an dafür, nicht in diese Falle zu tappen!

Basic 8: Lernen Sie, mit heißen Themen umzugehen (Sex und Geld)

Sexualität und Geld sind zwar ganz offenkundig von Interesse für Paare, die zusammenleben, aber der wichtigste Teil dieses Kapitels ist der letzte Absatz: die Herzensverbindung. Paare, die zusammenleben – ob in einer neuen oder in einer altbewährten Beziehung – sollten unbedingt darauf achten, die Herzensverbindung zwischen sich zu erhalten, »... dieses unsichtbare Band zwischen Ihren Herzen«. Dieses kostbare Band zu visualisieren führt Ihnen vor Augen, dass Ihre Schwierigkeiten immer weniger wichtig sind als Ihre Beziehung.

Basic 10: Verhalten verändern, nicht Ihren Partner

Dieses Kapitel will Sie davor bewahren, sich an unabänderlichen Eigenschaften Ihres Partners die Zähne auszubeißen – die können Sie letztlich nicht groß beeinflussen –, und Sie zu der viel produktiveren Aufgabe hinlenken, die Verhaltensweisen zu ändern, die Sie an ihm nicht mögen. Dieses Vorgehen, das ehrliche Selbstoffenbarung verlangt, statt Vorwürfe und Manipulation zuzulassen, führt zur Erfüllung Ihrer Bedürfnisse ohne die bitteren Gefühle, die normalerweise bei einer Konfrontation entstehen, und ist ein wichtiges Werkzeug, um Ihre Beziehung gut in Schuss zu halten.

Basic 11: Konflikte und Streitpunkte auflösen

Das ist ein wichtiger Abschnitt für Ehen ohne Trauschein, in denen ignorierte oder schlecht gelöste Konflikte die Gesundheit und die Beständigkeit der Beziehung besonders gefährden. Lernen, Konflikte gut zu lösen, sodass beide ihre Bedürfnisse erfüllt bekommen, sooft ein Streit entsteht, ist sehr wichtig für das Gelingen einer

Beziehung. Wenn Sie beide fest entschlossen sind, die Bedürfnisse beider zu erfüllen, wächst Ihre Beziehung und hat fruchtbaren Boden.

Basic 14: Sich weiterentwickeln

Im Anfangsstadium einer Beziehung kann es nur allzu leicht geschehen, dass Sie sich in einer Art gemeinsamem »Wir« verlieren. Sie sind ja so glücklich, endlich diesen wunderbaren Menschen gefunden zu haben, dass alles andere überflüssig wird. Wenn Sie dann auf dem Boden der Wirklichkeit landen, zeigt Ihnen Basic 14 Wege auf, wie Sie Ihr Wachstum als Individuum stetig fördern können und dadurch ein besser zentrierter, wertvollerer Partner werden als je zuvor. Wer würde schon eine Beziehung mit einem solchen Menschen verlassen wollen?

Basic 16: Einen Bund fürs Leben schließen

Ohne ein Eheversprechen, das sie zusammenhält, können unverheiratete Paare großen Nutzen aus dem festen Halt ziehen, den das Knüpfen eines starken emotionalen Bandes gibt. Je stärker die Bindung, desto mehr Vertrauen und Zufriedenheit wird Ihnen Ihre Beziehung schenken. Lesen Sie und machen Sie sich ans Werk!

Am Ende müssen unverheiratete Paare Wege finden, dieselben Schwierigkeiten zu lösen wie ihre verheirateten Zeitgenossen. Es liegt bei Ihnen, zu definieren, was Sie zusammen wollen, und es dann in die Tat umzusetzen. Eine Beziehung ist und wird immer sein, was Sie beide aus ihr machen. Die elementaren Werkzeuge sind Ihre Liebe und Ihr Interesse, gestützt von den drei Bedingungen, die das Wachstum fördern, und den 16 Basics einer idealen Partnerschaft.

2. Gleichgeschlechtliche Beziehungen

Da geistert diese Illusion herum,
dass Homosexuelle Sex haben
und Heterosexuelle sich verlieben.
Das stimmt ganz und gar nicht.
Jeder will geliebt werden.

Boy George

Wir glauben, dass die drei wachstumsfördernden Bedingungen und die 16 Basics für homosexuelle Beziehungen ebenso nützlich sind wie für heterosexuelle. Was zählt, ist die Qualität der Beziehung, nicht die sexuelle Orientierung der Partner. Die Rückmeldungen, die wir von einer – allerdings kleinen – Anzahl homosexueller Paare bekommen haben, bestätigen diese Meinung. Wir geben aber bereitwillig zu, dass wir die folgenden Anmerkungen als Außenstehende machen.

Nach unserer Wahrnehmung ist der Hauptunterschied zwischen einer homosexuellen und einer heterosexuellen Beziehung das Maß der sozialen Akzeptanz, das die Paare wahrscheinlich erleben werden. Auch wenn homosexuelle Beziehungen in manchen Teilen der Welt und in einigen gesellschaftlichen Kreisen durchaus gebilligt werden, finden schwule und lesbische Paare im Allgemeinen weniger Akzeptanz in der Welt. Diese Diskriminierung kann für die Einzelnen und die Beziehung eine Quelle von Stress und Schwierigkeiten sein, die heterosexuellen Paaren erspart bleiben.

Boris und Julian leben seit einem Jahr zusammen. Julians Familie wurde nicht darüber informiert, dass sie ein Paar sind. Von Boris hieß es stets, er sei Julians »Mitbewohner«, ohne jeglichen Hinweis auf eine sexuelle oder emotionale Bindung. Jetzt hat Julian eine Stelle in einer anderen Stadt angenommen und Boris möchte mit ihm umziehen, so dass sie vor der Aufgabe stehen, ihre wahre Beziehung offenzulegen.

Heike und Christina leben seit 20 Jahren zusammen. Christina ist Ärztin und betreut in ihrer Praxis viele homosexuelle Patienten und Patientinnen. Heike ist Psychologin und steckt viel Zeit in den Aufbau eines Schwulen-Lesben-Zentrums. Sie sind als lesbisches Paar bekannt und ihre Familien und Freunde haben sie vollständig akzeptiert. Aber fast alle ihre Freunde und Bekannten sind Lesben und Schwule, sodass sie das Gefühl haben, durch ihre sexuelle Orientierung und ihre sozialen Aktivitäten ein Stück weit von der Gesellschaft im Ganzen isoliert zu sein.

Homosexuelle Beziehungen können wie heterosexuelle fest und verbindlich sein und den Mittelpunkt im Leben des Paares bilden, oder sie können zeitweilige Lösungen gegen die Einsamkeit sein und viele Hoffnungen unerfüllt lassen. Manche sind von Zuneigung und gemeinsamen Zielen getragen, andere sind noch ganz neu und von der Erregung und der Naivität der Flitterwochen erfüllt. Sie können eine Quelle der Zufriedenheit oder eine Quelle der Enttäuschung sein. Sie spiegeln die unterschiedlichen Persönlichkeiten und kommunikativen Fähigkeiten der Partner wider.

Die Wirkung der sozialen Marginalisierung

Vielen Homosexuellen erscheint es angesichts der Reaktion der Gesellschaft auf ihre sexuelle Orientierung notwendig, ihrer Familie und ihren Freunden gegenüber zu lügen. Dieses Versteckspiel wird besonders mühsam, wenn die Beteiligten zusammenziehen wollen. Wie jede Lüge erzeugt auch diese eine Entfremdung von anderen Menschen und eine noch schmerzhaftere vom eigenen wahren Selbst. Das tut nicht nur weh, sondern ist auch zutiefst bedauerlich.

Wie wir aus der Forschungsliteratur wissen, ist Akzeptanz eine wesentliche Bedingung für die persönliche Entwicklung eines jeden Menschen. Es bedeutet einen großen Verlust für Schwule und Lesben, ohne Akzeptanz für ihre sexuelle Orientierung leben zu müssen oder ihre Familien und Freunde nicht an dem Glück teilhaben lassen zu können, mit einem Menschen eine Partnerschaft aufzubauen und zu leben. Jeder, dem diese Akzeptanz vorenthalten bleibt, lebt in einer kälteren Welt – in einer Welt, die ihm auf der emotionalen Ebene weniger Nahrung, Wasser und Sonnenschein bietet, als für ihn optimal wäre. Das ist für viele schwule und lesbische Paare traurige Wirklichkeit.

Bei anderen nimmt die Gesellschaft sogar noch handfester Einfluss auf ihre Beziehung. Weil homosexuellen Verbindungen in vielen Ländern kein rechtlicher Status zugebilligt wird, bleiben den Partnern auch Vorteile, die heterosexuelle Paare genießen, wie eine Mitversicherung in der Krankenkasse, ein bevorzugter Status beim Erben, Ansprüche auf Visa etc. versagt, und sie müssen noch viele weitere Formen sozialer Ungerechtigkeit hinnehmen, vor allem, dass sie nur in wenigen Ländern heiraten können und nicht voll als Paar anerkannt werden. Allem Anschein nach glaubt die Gesellschaft, indem sie diese Rechte und Privilegien verweigert, die sexuelle Orientierung der Betroffenen irgendwie ändern zu können. Das ist rücksichtslos gegenüber ihren Bedürfnissen als Menschen und wird mit Sicherheit niemanden dazu bewegen, heterosexuell zu werden. So sehen sich schwule und lesbische Paare in vielerlei Lebensumständen auf der ganzen Welt gezwungen, in Gesellschaften zu leben, die sie missbilligen und ihnen die volle Akzeptanz vorenthalten.

Derzeit entwickelt sich aber ein Trend zu größerer gesellschaftlicher Akzeptanz gleichgeschlechtlicher Paare, vor allem in Europa. Aber selbst in den USA sind Schwule und Lesben inzwischen vor Diskriminierung am Arbeitsplatz geschützt und mehrere Staaten haben in jüngster Zeit die »Homo-Ehe« legalisiert. Das hat jedoch zu einer Bewegung geführt, die eine »Eingetragene Lebensgemeinschaft« propagiert und so das politisch und emotional aufgeladene Wort »Ehe« umgeht. Wenn dieses Konzept von einigen fortschrittlichen Staaten angenommen wird, garantiert es homosexuellen Paaren im Wesentlichen die gleichen wichtigen, gesetzlich verbrieften Rechte, wie sie Ehepaare bereits haben. Noch ist zwar das Streben nach rechtlicher Gleichheit in den USA nicht vom erwünschten Erfolg gekrönt, aber es gibt hoffnungsvolle Anzeichen für einen Fortschritt.

In einer feindlichen Umwelt zu leben kann einen unerwarteten Vorteil darstellen. Weil schwule und lesbische Partnerschaften für die Beteiligten potenziell die gleiche emotionale Bedeutung haben wie heterosexuelle Bindungen, aber in einer Gesellschaft existieren, die ihnen im Allgemeinen weniger emotionale und rechtliche

Unterstützung gewährt, wird die Zuflucht, die diese Beziehungen den in ihnen lebenden Menschen bietet, besonders geschätzt und gewürdigt, was der Verbindung außergewöhnliche Stärke und emotionalen Zusammenhalt verleiht. *Ironischerweise stärkt vielleicht gerade die Feindseligkeit homophober Menschen gegen gleichgeschlechtliche Partnerschaften die Verbindungen, gegen die sie opponieren, und macht geglückte schwule und lesbische Beziehungen für die Beteiligten zu einer sichereren emotionalen Heimat als heterosexuelle.* Zwar würden die meisten homosexuellen Paare diese aus der Not geborene Stärke wahrscheinlich gerne gegen eine größere Akzeptanz in der Gesellschaft eintauschen, aber vielleicht ist sie der sprichwörtliche Silberstreif am dunklen Horizont der sozialen Marginalisierung.

Carlos und Sven verliebten sich ineinander und nachdem sie eine Zeit lang zusammengelebt hatten, beschlossen sie, eine symbolische Hochzeit zu feiern, um ihrem Bekenntnis zueinander einen rituellen Ausdruck zu geben. Zwar sind homosexuelle Ehen in dem Bundesstaat, wo sie leben, nicht anerkannt, aber ihre Familien und Freunde nahmen an ihrer Hochzeitsfeier teil und sie war ein sehr schönes Ereignis in ihrem Leben. Sie tauschten Eheringe aus und tragen sie nun schon seit mehr als zwanzig Jahren. Ihre Partnerschaft ist stärker und lebendiger als die vieler heterosexueller Freunde.

Einen Partner finden

Weil Homosexuelle eine Minderheit sind, ist der erste Schritt auf einen Partner zu ein innerlicher – sie müssen akzeptieren, dass ihre sexuelle Orientierung nicht der Erwartung der Gesellschaft entspricht, vielleicht nicht einmal den eigenen Annahmen. Manchen fällt es leicht, das zu akzeptieren. Für andere bedeutet es einen Kampf, der sich manchmal über Jahre hinzieht und der mit viel Verwirrung und Schmerz verbunden ist. Manche haben den Vorteil der Klarheit und der sozialen Unterstützung, anderen fehlt es an beidem. Erst wenn innerlich eine Klärung stattgefunden hat, können Sie sich auf die Suche nach einem echten Partner machen.

Michael und Judith haben vierzehn Jahre zusammengelebt. Er liebte sie sehr, hatte aber nie das Gefühl, sie heiraten zu wollen, obwohl sie darauf gehofft hatte. Nachdem ihn Judith eines anderen Mannes wegen verlassen hatte, begann Michael mit männlichen Liebhabern zu experimentieren. Schließlich erkannte und akzeptierte er, dass er homosexuell war. Bald darauf lernte er Jan kennen und sie entwickelten rasch eine starke emotionale Bindung zueinander. Jan zog bei Michael ein und nahm eine neue Stelle an, damit sie zusammenleben konnten. Michael war so glücklich wie noch nie: »Es ist wunderbar, jeden Abend mit einem geliebten Menschen zu Bett zu gehen und jeden Morgen an seiner Seite aufzuwachen und zu wissen, dass er einen genauso liebt.«

Ein einzigartiges Problem für Homosexuelle ist, dass die Anzahl an Menschen, unter denen sie einen zufriedenstellenden Partner finden müssen, relativ klein ist. Im Gegensatz zu ethnischen Minderheiten müssen Schwule und Lesben ihre Partner zwangsläufig in ihrer eigenen Minorität finden. Eine weitere Komplikation dabei ist, dass manche Schwule und Lesben sich »geoutet« haben – in der Gesellschaft als homosexuell erkennbar sind –, während andere ihre gesellschaftliche und berufliche Stellung schützen, indem sie sozial im Dunkeln bleiben. Manche heiraten sogar Heterosexuelle, um ihre sexuelle Präferenz zu verbergen. Mitunter sind versteckt Schwule zwar im homosexuellen Untergrund bekannt, und dennoch kann Heimlichkeit die Suche nach einem geeigneten Partner weiter komplizieren und einschränken.

Infolge dieser Faktoren beurteilen Schwule und Lesben ihre Chancen, genau das zu finden, was sie bei einem Partner oder einer Partnerin suchen, manchmal pessimistischer und haben das Gefühl, sie müssten erhebliche Kompromisse eingehen, um überhaupt zu irgendeiner Art von Beziehung zu kommen. Da im Grunde seines Herzens jeder seinen Traumpartner finden möchte, werden solche Entschlüsse nie freudig gefasst.

Noch weiter wird die Suche durch die Tatsache erschwert, dass die große Mehrheit der Partnerschaftsvermittlungen im öffentlichen Bereich auf heterosexuelle Singles zugeschnitten ist, sodass Homosexuelle weniger Hilfsquellen zur Verfügung haben, um befriedigende Partner für eine Beziehung zu finden.

Emotionale Bindung

Während das Maß der emotionalen Bindung bei vielen schwulen und lesbischen Paaren nicht von dem eng verbundener Ehepaare verschieden ist, spielt die Sexualität – eben der Faktor, der sie von anderen unterscheidet – bei Homosexuellen eine einzigartige Rolle, die unter Umständen anders gelebt wird.

In vielen homosexuellen Beziehungen ist das sexuelle Verhältnis eine wichtigere Komponente als das emotionale. Für solche Paare ist die Möglichkeit, leicht verfügbaren, harmonischen und beglückenden Sex zu haben, der Hauptgrund für ihre Partnerschaft. Das ist zwar bei vielen jungen Heterosexuellen in der erotisch aufgeladenen Flitterwochenphase nicht viel anders, aber manche gleichgeschlechtlichen Paare begnügen sich damit, die Sexualität als Mittelpunkt ihrer Beziehung zu behalten, ohne zusätzlich nach allzu viel emotionaler Nähe zu streben. Vielleicht sehen sie die vielen Ehepaare, die einander zunächst ihre tiefe Liebe beteuern und sich später scheiden lassen, als dürftiges und unattraktives Vorbild an.

In manchen homosexuellen Beziehungen hat sexuelle Treue selbst dann, wenn sie solide, verbindlich und langfristig sind, nicht den überragenden Stellenwert, den sie für heterosexuelle Paare hat. Es gibt ein gewisses Maß an Toleranz dafür, dass der Partner sexuelle Begegnungen mit anderen hat, und es wird nicht als so große Bedrohung für die Beziehung angesehen wie bei den meisten heterosexuellen Paaren. Bei solchen Paaren haben beide Seiten die emotionale Erlaubnis, gelegentlich mit anderen Partnern Sex zu haben, ohne dass daraus Groll und Ängste entstehen.

Alle diese Faktoren – Mangel an Vorbildern, begrenzte Auswahl, die Rolle der Sexualität in der Beziehung – machen es für Homosexuelle schwieriger, eine tief befriedigende emotionale Verbindung aufzubauen. Wenn Sie in einer schwulen oder lesbischen Partnerschaft leben und mit all den üblichen Schwierigkeiten kämpfen, die in Beziehungen auftreten, und obendrein noch den Stress haben, Teil einer unterdrückten Minderheit zu sein, *empfehlen wir Ihnen dringend, besonderes Gewicht auf die gemeinsame Entwicklung Ihrer Beziehungsfähigkeit zu legen. So werden Sie wahrscheinlich mit Ihrem Partner oder Ihrer Partnerin langfristig glücklich sein und gemeinsam die Art von Beziehung schaffen, die Ihnen hilft, mit der Ignoranz von Leuten fertig zu werden, die nicht erkennen wollen oder können, dass Sie Menschen sind wie sie.*

Wenn das Ihr Wunsch ist, halten wir fast alles in diesem Buch für hilfreich, aber zwei der Basics – Nummer 5: »Stärkendes Zuhören üben« und Nummer 16: »Einen Bund fürs Leben schließen« – sind vielleicht besonders wertvoll für Ihre Suche nach Ihrer eigenen idealen Partnerschaft.

3. Kinder und die Beziehung

In der Literatur geht es meistens darum,
Sex zu haben, und wenig darum, Kinder zu haben.
Im Leben ist es umgekehrt.

David Lodge

Die Ankunft des ersten Kindes hat erstaunliche Auswirkungen auf die Beziehung der frisch gebackenen Eltern. Nichts in ihrem bisherigen Leben hat die Ehepartner auf die Veränderung der Dynamik zwischen ihnen vorbereitet, die nun eintritt, nicht einmal die langen Monate der Schwangerschaft, denn auch sie ist letztlich noch immer eine Zeit der Zweisamkeit.

Sobald das ersehnte Baby angekommen ist, verlagert sich im Handumdrehen der Lebensmittelpunkt der Eltern: ging es gerade noch darum, einander als Liebende und Freunde zu erfreuen und zu genießen, übernehmen sie nun verantwortlich die Fürsorge für ein aufregendes, anspruchsvolles und anfangs hilfloses, neugeborenes menschliches Wesen. Zwar wird das Kind langsam weniger abhängig, während es die Kinder- und Jugendjahre durchläuft, aber es braucht weiterhin mehr Aufmerksamkeit von seinen Eltern, als sie einander fast zwei Jahrzehnte lang schenken können.

Kurz gesagt wird Ihre Beziehung durch Kinder stärker beeinträchtigt als durch jedes andere Ereignis außer Scheidung und Tod.

Die Stressfaktoren

Die Eltern, die wir über die guten und schlechten Auswirkungen der Kinder auf Beziehungen befragten, waren sich über die unerfreulichen Auswirkungen von Kindern auf ihre Ehe bemerkenswert einig. Und zu unserer Überraschung ergriffen sie die Möglichkeit, über ihre diesbezüglichen Erfahrungen zu berichten, geradezu mit Wonne: »Sie wollen wissen, wie sich Kinder auf eine Ehe auswirken? *Das will ich Ihnen sagen!*« Die Wirkungen, die sie sich am liebsten von der Seele reden wollten, waren:

- *Weniger gemeinsame Zeit*
- *Weniger Sex aus Mangel an Zeit, geschütztem Raum oder Lust*
- *Meinungsverschiedenheiten über Theorie und Praxis der Erziehung*
- *Ständige Müdigkeit*
- *Keine Gelegenheit oder Energie, zum Abendessen auszugehen oder ins Kino zu gehen, um sich zu entspannen*
- *Ärger über die ungleich verteilten Zuständigkeiten der beiden Eltern*
- *Gefühle des Grolls über diese und andere Probleme*

Adrian, der zu Hause arbeitet, und Mareike, die sich ganz den Kindern widmet, haben zwei energiegeladene Söhne von 4 und 7 Jahren und eine lebendige, liebevolle Ehe. Sie schildern einige ihrer Probleme wie folgt:

»Kein Sex. Zu müde für Sex. Und unsere Stimmung wird durch die Bedürfnisse und Wünsche der Kinder derart verändert, dass wir dann, wenn wir endlich mitein-

ander reden können, einfach zornig sind ... nicht auf einander, aber der Zorn macht sich Luft!
Es herrscht ständig Spannung, eine Art Belagerungsmentalität – was geht gerade in die Brüche? Streit. Uferlose Wünsche. Das Aufgeriebenwerden von unzähligen Wünschen. Die Beanspruchung an sieben Tagen in der Woche, 24 Stunden lang.
Man hat keine Zeit für sich selbst. Alle Zeit, die übrig bleibt, widmet man dem Partner, aber es bleibt keine Zeit übrig.
Wir sind auf lange Zeit damit beschäftigt und wissen, dass es wenig Entlastung geben wird. Eltern werden zu wollen, ist ein Entschluss, der das Leben verändert ... Kinder brauchen ständige Aufmerksamkeit. Es ist das Ende selbstsüchtiger Unternehmungen wie Ferien.«

Die Erfahrung von Adrian und Mareike hat zwar eine Kehrseite, auf die wir noch zu sprechen kommen. Dennoch stellt sich die Frage: Warum wird die enorme Wirkung, die Kinder auf das Leben und die Beziehung ihrer Eltern haben, von Eltern und Freunden, von den Medien und der Gesellschaft derart verharmlost und verschwiegen?

Wir haben den Verdacht, dass es dafür zwei Gründe gibt. Erstens ist Kinderbekommen einfach eine Notwendigkeit für den Fortbestand der Menschheit, sodass es instinktiv als überlebenswichtiger Wert angesehen wird, es als attraktiv hinzustellen. Niemand will die Mutterschaft madig machen.

Zweitens wird der Verlust an Romantik, Energie und Freiheit der Partner durch neue Befriedigungen ausgeglichen, die mit ihrem Bestreben zu tun haben, ihre

Aufgabe möglichst gut zu erfüllen und aus diesem faszinierenden Rohmaterial einen tüchtigen, erfolgreichen Menschen zu machen.

Die Freuden

Zwar können Kinder eine Beziehung erheblich beeinträchtigen, aber sie bringen auch einzigartige Freuden und Bereicherungen. Im Gegensatz zu der Einigkeit, die über die wichtigsten negativen Auswirkungen herrschte, haben wir bei den positiven Wirkungen auf die Beziehung ein überraschend breites Spektrum erhalten. Hier eine Auswahl:

- *Wir freuen uns über die Erfolge und Leistungen, die unsere Kinder erzielen*
- *Wir haben das gemeinsame Ziel, unsere Kinder gut zu erziehen*
- *Sie halten uns jung und aktiv*
- *Wir empfinden ein starkes Gefühl der Befriedigung über eine Leistung, die wir vollbracht haben*
- *Kinder zu haben hat unsere Perspektive erweitert, sodass wir nicht mehr Individuen, sondern die ganze Familie im Blick haben*
- *Kinder geben uns eine Zukunft, auf die wir uns freuen können*
- *Wir fühlen uns erfüllt, weil wir eine Familie gegründet haben*
- *Wir fühlen uns zu Verantwortlichkeit und Humanismus herausgefordert*
- *Unsere beiden Kinder haben uns geholfen, nach dem Verlust unserer beiden ersten Kinder wieder heil zu werden*

- *Kinder geben uns in unserer hektischen Welt eine Perspektive*
- *Wir sehen beide mit Entzücken, wie sich der Partner an den Kindern freut*
- *Wir haben uns nie gelangweilt*
- *Kinder halten uns dazu an, nicht zu streiten und uns nicht anzuschreien*
- *Die Kinder haben uns näher zusammengebracht, weil sie uns gezwungen haben, gemeinsam nach Wegen zu suchen, ihre Teenagerjahre durchzustehen*
- *Die Liebe der Kinder hat unser Selbstwertgefühl und unser Glück gestärkt, sodass wir glücklichere Menschen und glücklicher in unserer Ehe sind*
- *Wir schätzen die Stärken und Fähigkeiten des Partners mehr*

Die Geschichten von vier der befragten Paare sagen besonders viel über die Bereicherung aus, die die Kinder für ihre Beziehung gebracht haben. Lisa und Marco haben eine Tochter, die noch nicht zur Schule geht, und die ihnen die folgenden Freuden gebracht hat:

»Wir haben etwas Wunderbares gemeinsam – unser Kind! Wir empfinden beide große Liebe, Freude und großen Stolz. Diese gemeinsame Freude gibt uns ein stärkeres Gefühl der Verbundenheit und lässt uns mehr Anteil aneinander nehmen. Manche Leute wollen nichts von all den hinreißenden kleinen Dingen hören, die sie tut, aber Marco möchte immer alles ganz genau wissen!
Meine Eltern waren geschieden, deshalb möchte ich noch mehr an meiner Beziehung zu Marco arbeiten und sie für unsere Tochter gesund und stark halten,

damit wir ihr eine glückliche Familie bieten können. Das ist noch ein zusätzlicher Grund, viel Energie in meine Ehe zu stecken.«

Im Folgenden beschreiben Dennis und Katja, beide in akademischen Berufen tätig, die positiven Folgen, die die Geburt ihres inzwischen zwölfjährigen Sohnes für ihre Ehe hatte, als sie sich schon den mittleren Jahren näherten:

»Dass wir Martin haben, hat uns zusätzliche Gesprächsthemen außer Architektur und Medizin gegeben. Er hält uns jung – wir tun Dinge, die wir ohne ein Kind niemals machen würden. Er regt uns geistig und körperlich an. Er bringt uns zum Lachen und veranlasst uns, etwas gemeinsam als Familie zu unternehmen. Wenn wir ihn nicht hätten, würden wir nur arbeiten. Wir probieren neue Dinge aus (Katja mag inzwischen Fußball) – wir lernen neue Leute kennen, wir diskutieren andere Themen, wir gehen zu Ballspielen, wir haben gelernt, mit dem Internet umzugehen, wir haben Freude an dem Hund, den wir ihm geschenkt haben. Und wenn stürmische Zeiten kamen, haben wir gemeinsam die Verantwortung für sein Wohl übernommen, und das hat unsere Ehe zusammengehalten!«

Adrian und Mareike, deren Prüfungen durch ihre zwei wilden Jungen wir bereits geschildert haben, bringt ihre Elternschaft ebenfalls Freuden:

»Dass wir diese Jungen haben, hat uns ein enormes Gefühl von Vollständigkeit gegeben, das wir nicht hatten, als wir einfach ein Ehepaar waren. Und wir

haben auch das Gefühl, vollgültige Mitglieder der Gesellschaft zu sein – mit Schule, Sport, Arztbesuchen, Elternabenden, Fahrgemeinschaften, Geburtstagspartys und allem Drum und Dran.
Unsere Liebe und unser Stolz auf ihre Leistungen (Tore beim Fußball, Bilder im Kunstunterricht etc.) sind eine wunderbare Bereicherung. Und der Ausdruck ihrer Liebe zu uns ist sehr bewegend. Ihre Unschuld, ihr ehrliches Gefühl der Anteilnahme.
Und wenn wir wirklich einmal weg können, sind wir wieder Freunde und ein Liebespaar. Die Spannung verschwindet und unsere Liebe für einander flammt sofort wieder auf. Wir haben also wirklich alles.«

Vera und Daniel, deren Töchter bereits 20 und 22 sind, fassen die positiven Auswirkungen der Elternschaft auf ihre Ehe klar zusammen:

»Wir sehen im Großziehen von Kindern ein interessantes Geben und Nehmen. Um es gut zu machen, muss man Zeit und Energie hineinstecken, was wiederum Druck für die Ehe bedeutet. Aber wenn man dieses Opfer bringt, trägt es auch wirklich Früchte. Nicht nur für die Kinder, sondern auch in Gestalt der Befriedigung, die man aus der Zusammenarbeit in der Ehe zieht. Und ganz sicher war eines unserer wichtigsten Ziele von Anfang an, eine Familie zu gründen.«

Unsere nicht besonders überraschende Schlussfolgerung ist, dass sich Paare zwar im Allgemeinen darüber einig sind, *dass die Freuden und Befriedigungen, die Kinder mit sich bringen, die Stressfaktoren und Mühen überwiegen. Dennoch machen es aber letztere dringend erforderlich, dass Sie als Paar zusätzliche Möglichkeiten finden, Ihre Nähe zu pflegen.*

Die praktische Nutzung der Basics

Welche Schritte können Sie angesichts dieser Herausforderung unternehmen? Hier einige Hinweise, wie die Basics einer idealen Partnerschaft helfen können:

Basic 1: Am besten für alle ist es, wenn die Entscheidung für ein Kind von beiden Partnern getroffen wird und von Anfang an ein gemeinsames Ziel ist. In vielen Fällen kommen Kinder jedoch einfach ungeplant und die Überlegungen zur Elternschaft entwickeln sich später. Machen Sie in beiden Fällen das Aufziehen des Kindes zu einem gemeinsamen Ziel, an dem beide Partner beteiligt sind. Außerdem sollten Sie Ihre akzeptierten Ziele noch einmal unter die Lupe nehmen und erweitern. Als ein Mensch, der zwischen den konkurrierenden Anforderungen eines Kindes, des Partners und der Arbeit hin- und hergerissen wird, brauchen Sie es nötiger denn je, bei irgendeiner Aktivität unterstützt zu werden, die Ihnen als Individuum wirklich am Herzen liegt, und müssen auch etwas Zeit freihalten, wie wenig auch immer, um ihr nachzugehen. Sichern Sie sich dafür die Mithilfe der älteren Kinder ebenso wie die Ihres Partners oder Ihrer Partnerin, und geben Sie nicht auf!

Basic 2: Seien Sie sich ganz besonders der Versuchung bewusst, Vorwürfe zu machen – Ihrem Partner oder Ihrer Partnerin, Ihren Kindern – oder Ihren Beruf zu verwünschen. Der ständige Stress der Verantwortung für Kleinkinder und Heranwachsende führt leicht dazu, dass die

Nerven blank liegen, und Vorwürfe können zur einfachen Entlastungsmöglichkeit werden. Halten Sie sich möglichst immer vor Augen, dass alle – Partner, Kind(er), wer auch immer – unter den gegebenen Umständen *ihr Bestes geben*. (Auch Sie.) Denken Sie daran, sich zu Ihren Frustrationen und Ihrer Müdigkeit zu bekennen und diese Gefühle in Form von Ich-Botschaften auszudrücken, statt Ihren Partner oder Ihr Kind mit Vorwürfen zu überhäufen. Mareike hat uns gesagt: »Ich mache nie Vorwürfe. Wenn ich je anfangen würde, Adrian in all diesem Wirbel Vorwürfe zu machen, wäre das bestimmt der Anfang vom Ende.«

Basic 3: Verantwortung für sich übernehmen wird wichtiger denn je, wenn Sie Mutter oder Vater werden. Sie müssen dafür sorgen, dass Ihre eigenen Bedürfnisse erfüllt werden. Um die Bedürfnisse Ihrer Familie – Ihres Partners und Ihrer Kinder – erfüllen zu können, muss Ihre Batterie so gut aufgeladen sein, wie irgend möglich. Wenn Ihre Batterie leer ist, oder beinahe leer, was können Sie dann noch Ihren Lieben geben? Sich ewig zu opfern ist der schlechteste Weg, den Sie einschlagen können, denn das führt dazu, dass Sie selbst erschöpft sind – dass Ihre Batterie leer ist. Tun Sie alles, was nötig ist, um ein Gleichgewicht zwischen der Fürsorge für Ihre Kinder und der Fürsorge für sich selbst und den Partner herzustellen. Lassen Sie sich dabei von Ihrem Groll leiten. Wenn Sie Groll empfinden, heißt das, dass Sie nicht gut genug für sich selbst sorgen. Berufen Sie eine Familienkonferenz ein, rufen Sie einen Babysitter an, rufen Sie Ihre Mutter an, schalten Sie einen Therapeuten ein – tun Sie, was immer nötig ist, um Ihre Batterie wieder aufzuladen!

Basic 5: Stärkendes Zuhören zu üben kann für geplagte Eltern das Allerwichtigste sein. Wenn einer von Ihnen vom Stress und den Mühen der Kindererziehung überstrapaziert ist, kann es unsäglich wohltuend sein, all Ihren Ärger und Frust einem empathischen, akzeptierenden Partner mitzuteilen, der Ihnen erlaubt, so sauer und frustriert zu sein, wie Sie eben sind. Unterschätzen Sie nie die Wirkung der Möglichkeit, sich rückhaltlos ausdrücken zu dürfen, ohne sich dafür anhören zu müssen, man solle sich ändern oder bessern oder zusammenreißen. Ihre Fähigkeit, einander in stressigen Zeiten dieses Geschenk zu machen, ist Gold wert.

Basic 10: Die Vorschläge im Kapitel »Verhalten ändern, nicht Ihren Partner« sind besonders hilfreich, denn eine der häufigsten Quellen von Meinungsverschiedenheiten mit dem Partner ist die Kindererziehung. Es führt weiter, den Partner mit einem konkreten elterlichen Verhalten zu konfrontieren als mit einer dauerhaften Haltung; die eigenen Ängste auszudrücken, statt die eigenen Theorien vorzutragen; sich selbst zu offenbaren, statt den Partner ins Unrecht zu setzen. Machen Sie sich darauf gefasst, dass Ihr Partner defensiv ist, aber versuchen Sie seine Menschlichkeit hinter seinem Handeln und seiner Abwehr zu verstehen, und geben Sie zu, dass er immer sein Bestes tut. Nach einer nicht-verurteilenden Konfrontation ändert er sich vielleicht oder auch nicht, aber Ihre Beziehung wird noch immer intakt sein und ebenso die Rechte beider als je einzelne Elternteile und als Partner.

Basic 14: Sich weiterzuentwickeln ist eine besonders wichtige Aufgabe für Mütter, die zu Hause bleiben und sich ganztägig um die Kinder kümmern. Ihre Tätigkeit ist so erschöpfend und kann leicht so überwältigend werden, dass es schwer sein kann, sich auch nur vorzustellen, man müsse sich obendrein noch als Mensch weiterentwickeln. Aber auch hier ist wieder eine weise Selbstsucht der Weg, den es einzuschlagen gilt. Tun Sie alles, was nötig ist, um Ihr intellektuelles, emotionales und spirituelles Wachstum voranzutreiben, und erkämpfen Sie sich hartnäckig Zeit, in der Sie Ihr Wachstum und Ihre Lebendigkeit fördern können. Nutzen Sie dafür leicht zugängliche Angebote wie Bücher, Ton- und Videobänder, Volkshochschulkurse, Funkkollegs, Lehrgänge im Fernsehen und Lernprogramme im Internet. Der Lohn ist groß: Das Lernen macht Spaß, Sie werden für Ihren Partner ein interessanteres Gegenüber, haben Ihrer Familie mehr zu bieten und sind ein besseres Vorbild für Ihre Kinder, weil Sie Ihnen Freude an Bildung und Wachstum vorleben, statt Opfer und Stagnation.

Basic 15: Die Pflege der Romantik droht im Trubel der Kindererziehung leicht unterzugehen, aber die Absicht zählt dabei mehr als die Zeit. Eine einzelne Beobachtung kann als Beispiel für viele Gelegenheiten stehen: Wir sehen oft Familien im Kino, die in der Reihenfolge Mutter – Tochter – Sohn – Vater sitzen. Sie können sich besser an den Händen halten, wenn Sie die beiden in der Mitte sind! Lassen Sie die Romantik nicht sterben.

Basic 16: Einen Bund fürs Leben schließen. Wenn Sie dem Geist der 16 Basics einer idealen Partnerschaft folgen, um die negativen Auswirkungen des Kinderhabens zu minimieren und die Freuden und Befriedigungen zu maximieren, spricht alles dafür, dass die Elternschaft einer der haltbarsten Fäden zum Knüpfen eines starken und dauerhaften Bandes zwischen Ihnen sein kann. *Die intakten Paare mit erwachsenen Kindern, die wir interviewt haben, sprachen von ihrer Beziehung, als hätten sie einen langen, aber letztlich befriedigenden Sturm durchgestanden, um eine engere und reifere Beziehung zu erreichen, als sie je zuvor hatten. Kinder können ein unzerreißbares Band werden!*

Zusammenfassend kann man sagen, dass Kinder eine ungeheure Wirkung auf die Beziehung der Partner haben. Am Ende fallen zwar die Befriedigungen meist mehr ins Gewicht als die Schwierigkeiten, aber wir drängen Paare dennoch dazu, den damit verbundenen größeren Stress zu erkennen und bewusst Schritte zu unternehmen, um ihre Nähe zu schützen. Dazu sollte gehören, durch Erlernen besserer Erziehungstechniken geschickter mit den Kindern umgehen zu können und sich solcher Methoden zu bedienen, wie sie Thomas Gordon in *Familienkonferenz* schildert, sowie daran zu denken, die entsprechenden Basics einer wunderbaren Partnerschaft zu nutzen.

4. Wie man Männer zum Reden bringt

Der Mann ist hier nicht der Feind,
sondern ebenfalls Opfer.

Betty Friedan

Einleitung

Obwohl der Titel dieses Kapitels bei vielen Menschen, Männern und Frauen, ein lebhaftes Echo hervorruft, könnten sich einige männliche Leser von ihm beleidigt fühlen, weil sie den Eindruck haben, er impliziere, dass Männer von Haus aus weniger zur Kommunikation fähig oder bereit sind als Frauen. Sie haben vielleicht das Gefühl, wir diskriminieren die männlichen Vertreter der Spezies, indem wir sie in dieser Hinsicht als mangelhaft einstufen und so tun, als bedürften sie der Intervention von Experten, um an die überlegenen Fähigkeiten der Frauen heranreichen zu können. Klären wir also zunächst unsere Position.

Zuerst einmal gibt es bei der Fähigkeit, Gedanken auszudrücken und Gehörtes zu verstehen, wesentlich größere Unterschiede zwischen *Individuen* als zwischen Männern und Frauen. Uns ist über angeborene Unterschiede zwischen der Kommunikationsfähigkeit von Männern und Frauen nichts bekannt. Aber bei einer Untersuchung an der *Indiana University School of Medicine*, bei der Magnetresonanztomographie (MRT) eingesetzt wurde, zeigten Männer und Frauen beim

Zuhören strukturell erhebliche Unterschiede. Den Versuchspersonen wurde aus einem Roman vorgelesen, und bei der Mehrheit der untersuchten Männer wurde dabei *ausschließlich* im Schläfenlappen der linken Gehirnhälfte Aktivität sichtbar, während bei den Frauen zwar ebenfalls überwiegend der linke Schläfenlappen aktiv war, daneben aber auch der rechte Schläfenlappen. Der Radiologe Michael Phillips, einer der Autoren der Untersuchung, erklärt, dass sich die Forscher dafür interessieren, was normal ist, und dass es »immer häufiger so aussieht, als sei bei Männern etwas anderes normal als bei Frauen. Das heißt nicht, dass das eine besser ist als das andere.« Und ein Mitarbeiter, Joseph T. Lurito, ergänzt: »Wir wissen nicht, ob der Unterschied durch unsere Erziehung zustande gekommen ist oder ob er an der Struktur des Gehirns liegt. Das werden wir nie vollständig klären können.«

In der menschlichen Interaktion tauchen Unterschiede im Allgemeinen bei der Kommunikation und im Verstehen von Emotionen und Gefühlen auf. In vielen unterschiedlichen Beziehungen hat keiner der Beteiligten auf diesem Gebiet ein Kommunikationsproblem. In manchen ist es die Frau, der es schwerer fällt, über Emotionen zu sprechen. Aber sei es aufgrund biologischer Unterschiede oder sei es aufgrund der Art und Weise, wie Jungen in vielen Kulturen sozialisiert werden: In Beziehungen, in denen dieses Thema ein Problem darstellt, ist es oft der Mann, der damit mehr Schwierigkeiten hat.

Weil das sowohl für diese Männer als auch für ihre Partnerinnen eine Quelle großen Schmerzes und großer Frustration ist, verdient es besondere Aufmerksamkeit. *Wir hoffen, der Leser kann etwas mit diesem nach un-*

serer Einschätzung wichtigen Problem anfangen, unter dem häufig, aber gewiss nicht ausschließlich, Männer leiden.

Sozialisation der Männer

Wir spielen mit unseren Jungen ein grausames Spiel. Wir sagen ihnen: »Sei tapfer«, »Weine nicht«, »Nimm es wie ein Mann«. Wir bringen unseren Jungen bei, Gefühle der Schwäche zu ignorieren, herunterzuspielen, zu übergehen und zu überwinden. Wir bringen ihnen bei, stark zu sein und angesichts drohender Gefahren nicht mit der Wimper zu zucken. Wir bringen ihnen bei, bestimmte »unmännliche« Gefühle gar nicht zu haben.

Und fünfundzwanzig Jahre später heiraten wir Frauen dann einen von ihnen und sagen zu ihm: »Sprich mit mir. Sag mir, was du fühlst. Ich will dir *nah* sein.«

Wir fragen uns, warum es für diesen wunderbaren Mann so schwer ist, sich zu öffnen und dem Menschen, den er am meisten liebt, seine Gefühle mitzuteilen. Wir beklagen uns: »Dieser Mann kann ein Gefühl nicht von einem Scheunentor unterscheiden.« Kein Wunder!

Die meisten Männer werden als Kinder nicht dafür belohnt, dass sie sensibel sind und ihre Gefühle zeigen. Sie werden sozusagen darauf getrimmt, tapfer zu sein, ihre Gefühle nicht wahrzunehmen und diesen Teil ihrer selbst zu leugnen.

Außerdem werden auch erwachsene Männer dafür belohnt, stark und tüchtig zu sein, das Ruder fest in der Hand zu haben und fähig zu sein, »ihre Gefühle zu beherrschen«. Das ist die Kultur der Arbeitswelt, in der Männer aufblühen. Warren Farrell schreibt in seinem Buch *Women Can't Hear What Men Don't Say*, Männer würden dafür belohnt, »handelnde Menschen«, nicht »seiende Menschen« zu werden.

Noch komplexer wird die Sache dadurch, dass Frauen noch immer erwarten, dass Männer für sie sorgen – als Handelnde, die die Fähigkeit des Neandertalers behalten haben, erfolgreich zu töten und zu schützen. Hängt es bei Frauen oft von ihrer Schönheit ab, ob sie als potenzielle Partnerin in Betracht kommen, so liegt die Attraktivität von Männern häufig in ihrer beruflichen Leistung: Die Schönheitskönigin und der Millionär. Keiner dieser beiden Standards trägt viel dazu bei, die Menschlichkeit der beteiligten Personen zu fördern.

Der gesellschaftliche Druck, erfolgreich und stark zu werden, ist sehr groß und verlangt in subtiler Weise ständig von Jungen/Männern, bestimmte »störende« Aspekte ihres inneren Erlebens auszuklammern. Das Tragische daran ist, dass Persönlichkeitsanteile, die man leugnet, wie es Millionen von Jungen auf der ganzen Welt beigebracht wird, mit der Zeit nicht mehr verfügbar sind. Alles, was »klein gehalten« wird und nicht erlebt werden darf, wird entweder geleugnet oder verdrängt. Das unglückselige Nebenprodukt jahrelangen Leugnens und Verdrängens ist, dass schließlich wichtige emotionale Komponenten des eigenen Wesens eingemauert werden, sodass es schwer oder unmöglich wird, Zugang zu ihnen zu erhalten. Ein Mann, der immer geglaubt hat, es sei unannehmbar, dass er seine »schwache« Seite zeigt – Gefühle der Angst, Einsamkeit, Unsicherheit –, verliert nach und nach das Empfinden für diese Gefühle. Wird er gefragt, ob ihn etwas beunruhigt oder ängstigt, antwortet er wahrscheinlich: »Nicht besonders.«

Er lügt nicht. Er spielt nichts herunter. Er nimmt dieses Gefühl einfach nicht wahr. Er hat gelernt, dass diese Art von Gefühlen für ihn nicht akzeptabel ist, und er ist so gründlich sozialisiert worden, dass er glaubt, er habe diese störenden Gefühle gar nicht mehr. Nichts scheint ihn aus der Fassung zu bringen. Er kann sogar in eine Schlacht gehen, ohne Furcht zu zeigen. Das haben wir traditionell von unseren Männern verlangt und unsere Männer haben es auch gelernt.

Fordert man einen solchen Mann auf, sich mitzuteilen, dann verursacht man auf beiden Seiten Frustration.

Oh ja, irgendwo in ihm ist das Gefühl vielleicht schon vorhanden, aber es ist nicht leicht für ihn, Zugang dazu zu erhalten, und es kann sogar unmöglich sein, wenn er nicht eine intensive Therapie macht.

Die Probleme des Leugnens

Das Szenario wird sogar noch schlimmer: Setzen Menschen das Leugnen als Methode ein, mit störenden Gefühlen fertig zu werden, zieht diese primitive Bewältigungsstrategie die missliche Gewohnheit nach sich, auch andere Gefühle auszublenden. Wer beispielsweise seine Gefühle der Angst leugnet, hat wahrscheinlich auch Schwierigkeiten, Freude zu erleben. Leugnen ist eine unspezifische Bewältigungsstrategie. Daher verringert es, wenn es bei unerwünschten Emotionen eingesetzt wird, auch die Fähigkeit eines Menschen, angenehme Emotionen wahrzunehmen. Solche Menschen haben weniger tiefe Täler zu durchqueren, erleben aber auch weniger berauschende Höhenflüge – die Achterbahn des Lebens bringt ihnen weniger Höhen und Tiefen, das Gelände ist flacher.

Michael und Julia gehen oft zusammen wandern und campen. Julia spricht begeistert über jedes Erlebnis – die Schönheit der Landschaft, Tiere, Blumen, Vögel, die sie sehen. Michael richtet seine Aufmerksamkeit darauf, alle Campingutensilien ordentlich einzupacken und nichts liegen zu lassen.

Melanie und Frank haben gerade ein neues Haus gekauft. Melanie überlegt eifrig, wie sie das Schlafzimmer streichen und schön machen will. Frank will nur sicher sein, genügend Geld zu haben, um die Rechnungen zu bezahlen.

Als sein Vater starb, sah Christoph unglücklich aus, aber er sprach nie darüber. Sein einziger Kommentar war: »Er hatte einen Herzinfarkt, da war nichts zu machen.«

Der Preis, den viele Männer dafür bezahlen müssen, dass sie als Kind nicht zu allen ihren Gefühlen Zugang haben durften, ist schrecklich hoch. Wenn es Jungen nicht erlaubt ist, sich zu fürchten oder zu weinen oder andere »unmännliche« Gefühle zu zeigen, lehrt sie das, stoische und gefühlsarme Erwachsene zu werden, die schlecht antworten können. *Tüchtige Krieger, gewiss, aber es ist wenig wahrscheinlich, dass diese tüchtigen Krieger fähig sind, die emotionale Nähe zu geben, die sich ihre Frauen wünschen.*

Achim arbeitet für einen schwierigen Chef. Obwohl er tüchtig ist und viele gute Ideen hat, ignoriert sie sein Chef weitgehend und kritisiert ihn oft schroff in fast unerträglicher Weise. Wenn Achim nach Hause kommt, verbirgt er seine Gefühle so weit er kann, aber seine Frau Iris spürt seinen Schmerz, weiß jedoch nicht, wie sie ihm helfen kann, den Schmerz wirklich wahrzuneh-

men. Achim, gründlich zum »handelnden Menschen« dressiert, reagiert auf ihre Betroffenheit, indem er das Verhalten seines Chefs rechtfertigt und dessen Auswirkungen auf ihn herunterspielt. Das betrübt Iris noch mehr – sie wünscht sich, Achim würde zugeben, wie schlecht er behandelt wird, und seinen Chef zur Rede stellen oder die Stelle wechseln.

Dirk und Elke sind seit vier Jahren zusammen. Dirk drückt nur selten seine Gefühle über irgendetwas aus, und es stört Elke, dass er ihr nie sagt, er liebe sie, es sei denn, er hat ein paar Gläser Alkohol getrunken. Dann kommen die Gefühle nach oben und Elke hört wieder, wie wichtig sie für Dirk ist. Sie wünscht sich, er würde ihr das auch sagen, wenn er keinen Alkohol getrunken hat.

Leon ist Buchhalter, vertraut mit Computern und Hauptbüchern, in der Sprache der Gefühle aber nicht so zu Hause. Seine Kinder verkünden es immer lauthals, wenn sie ihn dabei ertappen, dass er nach einem Film eine Träne abwischt: »Seht mal, Papa weint!« Leon nimmt diese kleine Demütigung hin und tut, was er kann, um die Spuren seiner momentanen Schwäche zu tilgen und seine normale Fassung zurückzugewinnen.

Diese Beispiele haben gezeigt, dass der Männlichkeitskomplex, den wir unseren Männern noch immer eintrichtern, ihre emotionale Fähigkeit behindert, sich in einer Weise zu verhalten, die für viele ihrer ureigensten Interessen förderlich ist. Er schränkt ihr Erleben mancher Aspekte des Lebens ein und kann die Menschen in ihrem Umkreis frustrieren, die eine intime, Anteil nehmende Beziehung zu ihnen haben möchten.

Die Komplexität unserer Erwartungen an Männer

Ein Teil des Problems ist, dass wir unsere Jungen dazu erziehen, ihre »weicheren« Gefühle nicht wahrzunehmen, und wenn sie erwachsen sind, wird das am Arbeitsplatz weiter verstärkt. Hinzu kommt, dass Ehefrauen heute sowohl Yin als auch Yang fordern, also von ihren Männern erwarten, dass sie erfolgreich handeln und gleichzeitig zu emotionaler Intimität fähig sind. Die dritte Komponente der tief reichenden Zwickmühle, der sich Männer ausgesetzt sehen, ist ein Ergebnis der Frauenbewegung. Männer sollen sich umfassend am Haushalt und an der Kindererziehung beteiligen, dem Bedürfnis der Frauen nach befriedigender Tätigkeit aufgeschlossen gegenüberstehen, emotional sensibel und sexuell befriedigend sein, während sie gleichzeitig in ihrem eigenen Beruf stark gefordert sind und möglichst erfolgreich sein sollten.

Vom Mann von heute wird sehr viel verlangt, und es wird außerordentlich wenig getan, um ihm zu helfen, dieses neue Paradigma von Männlichkeit erfolgreich zu verkörpern. Wie sollen Männer, die dazu erzogen wurden, im Sinne der alten Standards erfolgreich zu sein, die Fähigkeit entwickeln, in dieser emotional komplexen neuen Welt Erfolg zu haben?

Wachstumsbedingungen schaffen

Die heutige Gesellschaft verlangt von den Männern, dass sie reife Persönlichkeiten werden. Wie soll das geschehen? Die Forschungsliteratur zeigt die Bedingungen, die die Fähigkeit zum Wachsen fördern, klar und deutlich auf. Es handelt sich um unsere alten Bekannten Empathie, Akzeptanz und Aufrichtigkeit (oder Kongruenz). Wir wissen, dass Psychotherapeuten, die ihren Klienten diese Haltungen entgegenbringen, erfolgreich die Charakterveränderungen unterstützen, die ihren Klienten helfen, die Fähigkeit zu einer besseren Bewältigung ihrer Probleme zu entwickeln. Außerdem hat die Forschung eindeutig ergeben, dass *diese drei Eigenschaften die wichtigsten Faktoren sind, die ihren Klienten helfen, mit ihren Problemen fertig zu werden* – wichtiger als jede andere Variable in der Beziehung zwischen Therapeut und Klient.

Warum sollte ein Ehepartner dem Menschen, den er liebt, weniger bieten?

Männer brauchen, wie alle Menschen, Empathie und Akzeptanz und gedeihen am besten in authentischen, kongruenten Beziehungen. Eine Ehe – oder jede enge emotionale Partnerschaft – sollte auf diesen drei wirksamen Bedingungen gegründet und von ihnen durchdrungen sein. Wenn diese Bedingungen beiden Partnern stets frei zur Verfügung stehen, schafft das ein Klima, in dem sich beide emotional sicher fühlen können.

Aus Sicherheit entsteht Wachstum. Aus dem Wachstum kann die Fähigkeit entstehen, tiefere Gefühle zu empfinden und auszudrücken. Daraus wiederum erwächst emotionale Intimität und ein tiefes Gefühl von Nähe. Für Männer und Frauen mit begrenzter emotionaler Sensibilität kann das der langsame, aber sichere Weg aus emotionaler Starre und Unbeholfenheit sein.

Diese warmen und hilfreichen Eigenschaften zu erwerben und zu üben, ist für viele Menschen bitter nötig. Viele Beziehungen beginnen damit, dass sich emotional nicht verfügbare Männer mit Frauen zusammentun, die nur rudimentäre Fähigkeiten haben, Empathie, Akzeptanz und Echtheit auszudrücken. Leider kommt es umgekehrt auch häufig vor, dass sich emotional nicht verfügbare Frauen mit kommunikativ ungeübten Männer verbinden.

Veränderung in Ihrer Beziehung herbeiführen

Wie entwickeln Sie die Fähigkeit, in Ihrer Liebesbeziehung diese drei hochwirksamen Bedingungen zu schaffen?

Sie beginnen damit, dass Sie Ihre Absicht bekunden, diesem Pfad zu folgen, und sich darauf einigen, beide an der Fähigkeit zu arbeiten, diese Bedingungen zu erfüllen (ein gemeinsames Ziel). Dann nehmen Sie sich vor, die Fähigkeit des stärkenden Zuhörens zu erlernen (das Empathie und Akzeptanz beinhaltet), und auch die Sprache der Ich-Botschaften (die die Echtheit beisteuern). Sie arbeiten zusammen, um diese Fähigkeiten zu erwerben, und machen sich klar, dass es Zeit und Mühe kosten wird, das angestrebte Ziel zu erreichen. Sie ermutigen einander zu regelmäßigem Austausch, damit Sie beide die Chance haben, die Fähigkeit des Zuhörens zu üben, das Konfrontieren unter Verwendung von Ich-Botschaften zu lernen und Konflikte so zu lösen, dass dabei die Bedürfnisse beider berücksichtigt werden. Sie schaffen ein Klima des Wachstums, des Austauschs und der *gemeinsamen Entwicklung* – eine sichere Atmosphäre, die Sie beide erzeugen und die es Ihnen ermöglichen wird, die Bedingungen zu schaffen, die Ihr Wachstum als Individuen ebenso fördern wie das Ihrer Beziehung.

Als Teil Ihrer Arbeit am stärkenden Zuhören konzentrieren Sie sich darauf, das nonverbale Verhalten des anderen ebenso wahrzunehmen wie seine Worte und sich auch gegenseitig mitzuteilen, wie Sie verstehen, was Sie sehen. Schenken Sie den subtilen Signalen Beachtung, die Ihnen zugänglich sind – Veränderungen des Gesichtsausdrucks, der Körpersprache, des Tonfalls. Partner können leicht lernen, die nonverbalen Signale des anderen zu verstehen. Schon vor langer Zeit habe ich festgestellt, dass Ralph immer heftig die Luft durch die Nase einzieht, wenn er wütend ist – ich merke es schon, ehe er den Mund aufmacht. Wenn er richtig geladen ist, tut er es zweimal. Andere haben uns beispielsweise berichtet: »Die Muskeln an Craigs Kiefer zucken, wenn er beunruhigt ist.« »Schon an der Art, wie Maria hereinkam, merkte ich, dass etwas nicht in Ordnung war.« »Wenn er nichts redet, ist etwas Wichtiges passiert.«

Melden Sie behutsam die nonverbalen Signale zurück, die Sie wahrnehmen (»Sieht aus, als seist du beunruhigt, Craig.«), und bieten Sie dann vielleicht ebenso behutsam eine Gesprächsmöglichkeit an (»Willst du darüber reden?«). Schauen Sie ihn ernst, interessiert und wohlwollend an. Nehmen Sie sich vor, eine sichere Gesprächspartnerin zu sein. Geben Sie sich Mühe, zuzuhören und alles Nötige zu tun, um sich davon abzuhalten, Ratschläge, einen sonstigen Kommentar oder eine Frage ins Spiel zu bringen, die in irgendeiner Weise das Gespräch von der Richtung weglenken könnten, in die er gehen möchte. Geben Sie Ihrem Partner eine echte Chance, sich Ihnen mitzuteilen. Tragen Sie Ihren Teil dazu bei, dass das geschehen kann – lernen Sie diese hilfreichen Fähigkeiten einsetzen.

Albert ist mit einer viel jüngeren Frau verheiratet. Obwohl er sich immer bester Gesundheit erfreut hat, fürchtet er, dass sein vorrückendes Alter ihm Gebrechen und

Schwäche bringen wird. Er hat das Gefühl, kein Recht zu haben, eine jüngere Frau zu heiraten und dann krank zu werden, und er fürchtet, dass jedes Anzeichen von Krankheit seine Frau zutiefst beunruhigen würde. In letzter Zeit hatte er wiederholt Schmerzen in der Brust und hat Angst, seiner Frau davon zu erzählen, deshalb schluckt er seine Sorgen hinunter.

David war in den letzten drei Jahren nicht sehr glücklich und weiß, dass das mit seinem Beruf zu tun hat. Er hat das Gefühl, in einer Sackgasse zu stecken, weiß aber nicht, was er tun soll. Er weiß nicht einmal, was er sucht, und scheut sich, nach Alternativen Ausschau zu halten, weil er die Auswirkungen auf die Familie fürchtet, für deren Einkommen in erster Linie er verantwortlich ist. Er ist depressiv und macht sich Sorgen über seine Zukunft.

Wenn Sie die Partnerinnen dieser Männer sind, müssen Sie bereit sein, ihnen vom Podest des starken und stoischen Supermanns herunterzuhelfen. Lassen Sie jede explizite oder implizite Forderung los, dass sie »handelnde Menschen« bleiben. Wenn Sie emotionale Nähe zu diesem bedrückten Partner herstellen wollen – und jeder Partner ist manchmal bedrückt –, müssen Sie mit der Tatsache Frieden schließen, dass diese Bastion der Stärke ebenfalls an Angst, Schwäche, Verletzungen, Reue und Trauer leiden kann. In dem Maße, wie Sie sich mit diesen Gefühlen aussöhnen und sie bei Ihrem Partner akzeptieren, machen Sie es für ihn sicherer, diese Gefühle zu erleben und Ihnen gegenüber auszudrücken. Das öffnet die Tür zu wahrem Wachstum.

Im Laufe der Zeit können bei einem gemeinsamen Engagement beider Partner und dem zielstrebigen Aufbau von Kommunikationsfähigkeiten wunderbare Dinge geschehen. Ihre innere Sicherheit und Ihre Fähigkeiten entwickeln sich, sodass Sie eine sehr gute Zuhörerin werden und es Ihrem Partner leichter fällt, Ihnen seine persönlichen Sorgen mitzuteilen; Ihr Partner kann seine Emotionen feiner wahrnehmen, weil Sie bei Ihrem stärkenden Zuhören seine nonverbalen Signale mit dem verbalen Ausdruck von Emotionen verknüpfen; Ihr Partner kann einen besseren Zugang zu seinen Emotionen bekommen, weil er langfristig diese emotional sichere Umgebung genießt; Ihr Partner kann die Möglichkeit wahrnehmen, authentischer und tiefer er selbst zu werden.

Unterschätzen Sie nicht die Bedeutung eines empathischen und akzeptierenden Feedbacks der nonverbalen Botschaften von Menschen, die verbal nicht sonderlich viel von sich geben. Zwei Gründe sprechen dafür, das zu üben: Erstens läuft der allergrößte Teil der Kommunikation (etwa 93%) nonverbal ab, sodass Sie ein breites Spektrum von Signalen haben, das Sie beachten sollten. Zweitens kommuniziert jeder *ununterbrochen*. Zum Beispiel ist auch das Schweigen eine Botschaft, die Menschen unbewusst erkennen und interpretieren, ohne es in vielen Fällen als Kommunikation einzustufen. Schweigen kann heißen: *Ich bin beunruhigt, habe aber Angst, es zu sagen ... Ich bin mit meinen Gedanken beschäftigt, die mir wichtig sind ... Ich bin zu müde zum Reden ... Ich fühle mich von allem überwältigt und will über nichts mehr nachdenken ... Ich habe etwas in Arbeit und möchte nicht gestört werden ...* Wenn Sie einfühlsam rückmelden, welche Botschaft Sie vermuten, können Sie ein Feedback erhalten, ob Sie die nonverbalen Signale richtig verstanden haben, und können so vielleicht eine stärker sprachliche Kommunikation in die Wege leiten.

Nonverbale Kommunikation zu übersehen und sich dann zu beklagen: »Mein Mann kommuniziert nie mit mir!«, heißt, eine Chance zu versäumen, es Ihrem Partner leichter zu machen, mehr mit Ihnen zu sprechen, und Ihre Frustration und kritische Haltung zu reduzieren – was ein wertvoller Beitrag zu Wachstum und emotionaler Nähe wäre.

Emotional sichere Konfrontation

Stärkendes Zuhören vermittelt zwar Empathie und Akzeptanz, aber es ist nicht immer möglich, diese stützenden Haltungen zu bieten, weil es Zeiten gibt, in denen wir weder empathisch noch akzeptierend sind. Wenn Ihr Partner Dinge tut, die Sie verletzen und die für Sie ein Problem sind, wird es nötig, ihn darauf anzusprechen. Obwohl viele Menschen die Konfrontation fürchten, ist sie eine Möglichkeit, die dritte Bedingung für Wachstum ins Spiel zu bringen: die Aufrichtigkeit.

Wie schon besprochen, eignen sich für die Konfrontation am besten Ich-Botschaften, in denen Sie Ihrem Partner ohne Vorwurf klarmachen, wie sein Verhalten auf Sie wirkt. Die Bedeutung vorwurfsfreier Konfrontation wird auch durch die Ergebnisse der Forschungsarbeit von John Gottman unterstrichen *(Die 7 Geheimnisse der glücklichen Ehe)*, der festgestellt hat, wie viel Schaden Beziehungen bei Auseinandersetzungen leiden, die mit einem groben Auftakt beginnen. Darunter versteht Gottman jede Diskussion, die mit Kritik und/oder Sarkasmus beginnt (der eine Form der Verachtung ist). Gottmans Arbeit hat gezeigt, dass ein grober Auftakt zu den

Hauptindikatoren für die Vorhersage einer Scheidung gehört – zusammen mit anderen wie Abwehr, Mauern, Überflutung und gescheiterte Rettungsversuche. Ein grober Auftakt ist der riskante Beginn einer ganzen Kaskade und setzt viele der übrigen Vorboten einer Scheidung in Bewegung.

Häufig spielt sich etwa Folgendes ab: Die Ehefrau, die in vielen Beziehungen diejenige ist, die ein Problem am häufigsten feststellt und zur Sprache bringt, konfrontiert ihren Mann mit einem groben, kritischen Auftakt. Der Ehemann wird defensiv, sein Blutdruck steigt und sein Hormonspiegel verändert sich; unter anderem wird Adrenalin ausgeschüttet, das die Reaktion »angreifen oder fliehen« auslöst. Dieses physiologische Geschehen bezeichnet man als Überflutung. Um die Überflutung – das Gefühl, überwältigt zu werden – in den Griff zu bekommen, zieht sich der Mann emotional zurück und weigert sich, auf das Problem einzugehen. Diese Taktik nennt man Mauern. Die Ehefrau reagiert auf das Mauern, indem sie sich auch noch über seinen emotionalen Rückzug beklagt und vielleicht etwas Verachtung in die explosive Mischung mengt, wodurch sie das Bedürfnis ihres Partners nach emotionaler Abkapselung weiter steigert, was wiederum die Frau noch mehr erbittert. *Es ist unmöglich, mit ihm zu reden!!! Es ist unmöglich, mit ihr zu reden! Es ist sinnlos, es auch nur zu versuchen!!!* Das Karussell des Ehealltags dreht sich zu immer traurigerer Musik und die Beziehung kann schon bald in ernsthaften Schwierigkeiten stecken.

Ergänzende Untersuchungen von Robert Levenson und Loren Carter an der University of California in Berkeley ergaben, dass bei männlichen Versuchspersonen unter Stress das Herz schneller schlägt als bei weiblichen und dass der beschleunigte Puls auch länger anhält. Dolf Zillman, Psychologe an der University of Alabama fand heraus, dass männliche Versuchspersonen, wenn man sie grob behandelt und sie anschließend auffordert, sich zu entspannen, mit einer Erhöhung des Blutdrucks reagieren, der auch hoch bleibt, bis die Männer sich revanchieren können. Frauen in vergleichbaren Situationen können sich hingegen meist innerhalb von zwanzig Minuten beruhigen. Diese Untersuchungen weisen beide darauf hin, dass eheliche Konflikte – besonders diejenigen mit einem groben Auftakt – physiologisch für den Mann belastender sind und ihn entweder zeitweise schwächen oder irgendeine Art von Vergeltung verlangen, damit er emotionale Entlastung erfährt. Es ist daher nicht überraschend, dass ein Mann unerfreuliche Konfrontationen meidet, wo immer er kann, und seine Partnerin sollte unbedingt darauf achten, unter keinen Umständen mit einem groben Auftakt einzusteigen, wenn sie ihren Partner im Gespräch bei der Stange halten will und möchte, dass er sich mit ihrem Anliegen befasst.

Schädliche Kommunikationsmuster wie harte, vorwurfsvolle Konfrontationen aufzugeben erfordert konsequente Arbeit. Der eigene Konfrontationsstil ist eine Gewohnheit wie jede andere und Gewohnheiten sind notorisch schwer zu durchbrechen. Der Prozess der Selbstbeobachtung ist heikel; es ist sehr leicht, zu glauben, dass Sie nicht so vorwurfsvoll und kritisch klingen, wie Ihr Partner behauptet. Es hilft Ihnen, Ihre Vorwurfshaltung zu entschärfen, wenn Sie sich ständig daran erinnern, dass Sie nicht die Absicht haben, Ihren Partner zu verletzen oder ihm Vorwürfe zu machen, sondern dass Sie, ehrlich über sich selbst Auskunft geben wollen – sich in einer offenen und verletzlichen Weise zeigen, um die Wahrscheinlichkeit zu erhöhen, dass Ihre Bedürfnisse befriedigt werden.

Auch für den Mann erfordert es Arbeit, im Prozess zu bleiben und nicht überwältigt zu werden, wenn man ihn konfrontiert. Wie schmerzhaft sich das Gefühl der Überflutung auch anfühlen mag, es ist eine bekannte Reaktion, die man mit ruhiger Disziplin durchstehen kann. Wenn Ihre Partnerin fest entschlossen ist, die Härte ihrer Konfrontationen abzumildern, dann ist es Ihre Aufgabe, sich an die ausdrückliche Absicht Ihrer Partnerin zu erinnern, sich zu ändern, und scharf genug hinzuschauen, um zu bemerken, dass Ihre Partnerin diesmal tatsächlich nicht ganz so kritisch und vorwurfsvoll auftritt wie in der Vergangenheit und wie Sie befürchten, dass sie es vielleicht wieder tut.

Gemeinsam Fortschritte machen

Wenn Sie in den Genuss einer Kommunikation mit Ihrem »unkommunikativen« Partner kommen wollen, dann ist es wichtig, dass Sie erstens der Versuchung widerstehen, irgendeine Botschaft zu schicken, die seine Mitteilungsbereitschaft blockiert; zweitens die Kunst erlernen, Ihrem Partner seine verbalen *und* nonverbalen Botschaften rückzumelden; und drittens Härte, Vorwürfe und Kritik aus Ihren Worten, Ihrem Tonfall und Ihren Absichten heraushalten. Dafür müssen Sie sowohl an Ihrem Talent zum Zuhören wie auch zum Konfrontieren feilen. Eine Ehefrau, die sich nach emotionaler Intimität sehnt, muss ihren Teil dazu beitragen, indem sie lernt, wie sie die Bedingungen schaffen kann, die die Bereitschaft und Fähigkeit ihres Partners fördern, mehr Intimität zu leben. Das ist nicht leicht für die Frau und auch nicht für den Mann.

Männer sind aufgefordert, ihre Fähigkeit zur Mitteilung von Gefühlen zum Eingehen emotional intimer Beziehungen zu entwickeln. Für einen Mann vom Typ »handelnder Mensch« bedeutet das ein zutiefst beängstigendes Risiko, soll er doch Gefühle aufdecken, sich selbst und dann seiner Partnerin eingestehen, die er seit seiner Kindheit zu verbergen und zu ignorieren gelehrt wurde, wollte er sich nicht der Lächerlichkeit und der Verachtung preisgeben. Um das fertig zu bringen, muss er die Möglichkeit sehen, dass es trotz seiner bisherigen Erfahrungen diesmal – bei dieser liebenden und Anteil nehmenden Partnerin – sicher sein könnte. Er muss dem Tiger ins Auge schauen und auf ihn zugehen. Lange verbannte Emotionen wieder zulassen, als die eigenen eingestehen, mitteilen und mit ihnen umgehen erfordert Mut und den Willen, eine Menge alter Signale aus dem Inneren zu überwinden.

Aber genau das ist es, was Ihre Partnerin von Ihnen als Mann erbittet. Das ist Intimität. Das ist Gemeinsamkeit. Und das sind die emotionalen Fäden, die eine Beziehung binden. Ihre Partnerin wünscht sich das von Ihnen, und die Gesellschaft schätzt inzwischen den Mann, der sowohl zu Hause als auch am Arbeitsplatz den richtigen Ton findet. Die Konditionierung zur harten Männlichkeit im Tarzanstil, die Männer durchlaufen, ist so mächtig, dass es ihnen vorkommt, als würde man von ihnen verlangen, ihre Gene zu mutieren und alles bisherige Lernen über Sicherheit und Gefahr in den Wind zu schlagen. Aber der Urwald- und der Höhlenmensch sind keine angemessenen Vorbilder mehr, und Männer verdienen es, die volle Bandbreite eines emotionalen

Lebens zu erfahren, darin unterstützt zu werden und auch die Intimität kennen zu lernen, die das Mitteilen dieser Bandbreite mit sich bringt.

Damit unsere Männer die Fähigkeit entwickeln können, Intimes mitzuteilen, müssen sich auch ihre Partnerinnen entwickeln – zu empathischen, nicht urteilenden Zuhörerinnen, die vorwurfsfrei und einfühlsam konfrontieren. Die Frauen müssen ihre Hälfte des Entgegenkommens beisteuern, wenn sie von den Männern verlangen, dass sie ihr innerstes Selbst offenbaren. Frauen müssen es für die Männer sicher machen, zu reden, und dazu gehört, nicht von ihnen zu fordern, dass sie es tun. Und beide müssen akzeptieren, dass es sich um einen Prozess handelt, der Zeit brauchen wird.

Ehe und emotionale Partnerschaft haben mit Wachstum zu tun. Damit Männer trotz der frühen Konditionierung, die sie in unserer Kultur erleben, voll gefühlsfähige Partner werden können, müssen beide Seiten bereit sein, ihr menschliches Potenzial zu entwickeln und ihr Gegenüber daran teilhaben zu lassen. Ein überraschendes Nebenprodukt dieser Herausforderung, emotionale Intimität schaffen und leben zu lernen, ist, dass dies sogar Ihre geistigen Fähigkeiten erweitern kann. Immer mehr Forschungsarbeiten zeigen, dass geistige Herausforderungen die Hirnstruktur günstig beeinflussen und dass ein gut trainiertes Gehirn ein wichtiger Schutz gegen unerwünschte Alterserscheinungen ist. Eine zusätzliche Belohnung für den Kampf, den Sie auf sich nehmen, um schädigende Gewohnheiten zu verändern und neue zu entwickeln, wird die Stärkung Ihrer mentalen Fähigkeiten im Allgemeinen sein! Das ist auf alle Fälle ein Bonus, der sich lohnt!

Nur wenige von uns, und das gilt nicht nur für Männer, haben das Glück, eine Liebesbeziehung mit all den kommunikativen Fähigkeiten zu beginnen, die wir brauchen, und gelöst unsere tiefsten Gefühle mitteilen zu können. Für die meisten von uns sind das wichtige Wachstumsbereiche. Zu lernen, wie man seinem Partner ein Klima bieten kann, in dem Wachstum möglich ist, und das Risiko auf sich zu nehmen, in diesem Klima intime Gefühle mitzuteilen, sind wichtige Bausteine für die Beziehung. Wenn man gemeinsam daran arbeitet, kann das zu profundem Wachstum führen, nicht nur für den Mann, sondern auch für seine Partnerin, und das Maß an Befriedigung enorm erhöhen, das Sie in Ihrer Beziehung erreichen.

5. In der Beziehung Sie selbst sein

Nur die Gebildeten sind frei.

Epiktet

In diesem Buch sprechen wir viel über Kommunikationsfähigkeiten, die Sie anwenden sollen, wenn Sie oder Ihr Partner unter Stress stehen. Wir haben Sie gedrängt, neue Methoden des Zuhörens und Sprechens zu erlernen, und unser Ziel dabei war, Ihre Fähigkeit zu stärken, sich selbst und einander zu helfen, wenn es emotional hart auf hart geht.

Aber ein mit uns befreundeter Psychologe sagte einmal: »Wer will schon einen Freund, der antrainierte Fertigkeiten einsetzt?« Das ruft das Bild eines Menschen hervor, der mechanisch in einer klinisch »korrekten«, aber völlig unpersönlichen Weise auf einen reagiert. Das wäre eine traurige Freundschaft und eine noch traurigere eheliche Beziehung.

Dennoch sind hervorragende interne und externe Kommunikation unerlässlich, um Empathie, Akzeptanz und Kongruenz auszudrücken. Hervorragende kommunikative Fähigkeiten lernen die meisten Menschen nicht ganz von selbst, während sie aufwachsen. Leider werden die meisten von uns nicht in einer Umgebung groß, in der die Eltern großzügig Empathie und Akzeptanz an den Tag legen, denn der Prozess des Heranwachsens ist oft und in vielerlei Hinsicht von Stress begleitet, und wir machen Tausende von Fehlern, die unsere Eltern zu »korrigieren« suchen. Zu diesem Prozess der Fehlerkorrektur und des Aufzeigens, wie wir Dinge besser machen können, gehören Beurteilung und Kritik. Das kann auf dem liebevollen Wunsch beruhen, uns zu erfolgreichen Erwachsenen zu erziehen, aber der Weg ist unvermeidlich einer der Kritik und Belehrung, und oft genug sagen uns unsere Eltern auch noch, welche Lösungen wir bei all unseren Problemen anwenden sollen.

Weil die meisten von uns kein großes Maß an Empathie und Akzeptanz erfahren haben, konnten wir für diese Eigenschaften kein starkes Modell verinnerlichen, an dem wir uns orientieren können. Wenn wir zu Erwachsenen heranreifen und Freundschaften und später eine Ehe schließen, sind daher die Methoden, die wir kennen, unseren Freunden und unserem Ehepartner zu »helfen«, wenn sie Probleme haben, an dem Modell orientiert, das wir von unseren Eltern gelernt haben: urteilen, kritisieren, Ratschläge erteilen – alles mit der löblichen Absicht eingesetzt, wirklich zu helfen.

Unglücklicherweise zeigt die Erfahrung, dass Beurteilung und Kritik nicht die Fähigkeit der Menschen fördern, ihre Probleme besser bewältigen zu lernen. Daher müssen wir lernen, diese Verhaltensweisen durch Empathie und Akzeptanz zu ersetzen.

Wir müssen außerdem lernen, kongruent zu sein – ehrlich, authentisch, wahrhaftig. Leider haben uns unsere frühen Erfahrungen – trozt wiederholter Versicherungen, Ehrlichkeit sei immer das Beste – gelehrt, dass wir alle möglichen Arten von Ärger bekommen, wenn wir sagen, was wir fühlen. Wir lernen schon früh, Fehler zu verschleiern und Strafen zu umgehen, annehmbare Gefühle zu heucheln, um Vorträgen über gutes Benehmen zu entgehen, und bestimmte Rollen zu spielen, um ernst genommen zu werden. Diese ungewollten, aber wirksamen Lernprozesse zerstören unsere Kongruenz und wir gehen durchs Leben, indem wir die Rolle spielen, von der wir gelernt haben, dass sie am wirksamsten Ärger unterbindet.

Aber unser Partner kann am besten wachsen, wenn er sich darauf verlassen kann, dass wir auch so sind, wie wir uns präsentieren – empathisch, akzeptierend und echt. Wenn wir daher stärkendes Zuhören oder Ich-Botschaften üben, mit denen wir uns offenbaren, müssen wir dafür sorgen, dass wir wirklich Anteil nehmen, dass wir nicht heimlich kritisieren, dass unsere Reaktionen echt sind und nicht nur vorgetäuscht, damit wir einer Rolle gerecht werden. Unser Ehepartner muss unser wahres Wesen sehen.

Dass wir diese neuen Wege der Beziehung im Erwachsenenalter lernen müssen, verursacht ein weiteres, aber vorübergehendes Problem. Da uns diese Wege neu sind, finden sie die meisten von uns lästig und beschwerlich, solange wir sie einüben. Am Ende werden sie Früchte tragen, aber unsere anfängliche Unbeholfenheit weckt vor unserem inneren Auge das Schreckgespenst der Vorstellung, dass wir wie einer dieser überzeichneten Therapeuten klingen, die man so oft in Filmen karikiert sieht – steif, hölzern und als Mensch völlig unattraktiv: »Hmmmmm, ich höre, Sie haben da ein Problem ...«

Müssen wir uns so anhören? Bestimmt nicht. Aber wenn Sie beginnen, diese Fähigkeiten zu lernen und zu Ihrer natürlichen Fähigkeit zu Kongruenz, Empathie und Akzeptanz unterwegs sind, fühlen Sie sich bestimmt ungeschickt. Erstens, weil die Welt um Sie herum noch immer in der beinahe universellen Haltung des Urteilens,

Kritisierens und Ratschlägegebens verharrt, wenn Probleme auftauchen, weshalb Ihr neuer Ansatz auffallen wird wie ein bunter Hund; und zweitens, weil das Erlernen neuer Fähigkeiten immer mit dem Gefühl der Ungeschicklichkeit verbunden ist, ob es nun um Kommunikation oder eine neue Sportart geht. Da dieses Phänomen in so vielen Lebensbereichen wohl bekannt ist, haben wir ein Vier-Phasen-Modell dieser Art von Lernprozess entwickelt. Wenn Sie sich neue Kommunikationsfähigkeiten (oder sonstige Fähigkeiten) aneignen, werden Sie die folgenden vier Schritte durchlaufen:

Phase 1: Unwissenheit

Sie haben bestimmte Fähigkeiten nicht und wissen nicht, dass Sie sie nicht haben. Das ist der Zustand, den man als »glückselige Ahnungslosigkeit« bezeichnen könnte. Da Sie dieses Buch schon bis hierher gelesen haben, sind Sie nicht mehr in dieser ersten Phase.

Phase 2: Wahrnehmung und Schuldgefühle

Sie haben von diesen Fähigkeiten erfahren und erkennen, dass Sie sie bei Gelegenheiten nicht genutzt haben, in denen sie nötig gewesen wären. Sie fühlen sich schlecht, wenn Sie Ihre »natürliche« Reaktion auf Probleme bedenken, und wünschen sich, Sie könnten anders mit ihnen umgehen.

Phase 3: Unbeholfenheit

Sie haben begonnen, diese Fähigkeiten zu erlernen, und arbeiten daran, Ihre Technik zu entwickeln. Sie sind sich der damit verbundenen Schwierigkeiten deutlich bewusst. In dieser Phase gelingt es Ihnen gelegentlich, korrekt zu reagieren, aber Sie fühlen sich noch unbeholfen, machen sich Sorgen, dass Sie in den Ohren anderer merkwürdig klingen, beginnen jedoch, Erfolg zu haben. Sie fragen sich, wie lange dieses missliche Stadium wohl dauern wird.

Phase 4: Volle Integration der Fähigkeiten in die Persönlichkeit

Wenn Sie fortfahren, die Fähigkeiten bei jeder Gelegenheit zu üben, werden Sie am Ende dieses Stadium erreichen. Welches Glück! Sie benutzen die Fähigkeiten, wenn es angemessen ist, und zwar automatisch und natürlich – ohne darüber nachdenken und ohne sich in Erinnerung rufen zu müssen, wie es richtig wäre. Das ist der Zeitpunkt, zu dem die Fähigkeiten vollständig in Ihre Persönlichkeit integriert sind und sich nicht mehr wie antrainierte Fertigkeiten anfühlen oder so klingen. Dennoch haben Sie Ihre Fähigkeit, mit problematischen Situationen erfolgreich umzugehen, wesentlich erhöht.

Wenn Sie wissen, womit Sie zu rechnen haben, während Sie die vier Phasen durchlaufen, erspart Ihnen das manche Entmutigung, aber der Weg von der Unwissenheit zur Integration verlangt Einsatz und Zeit und ist wie alle Herausforderungen nicht leicht. Um die anfängliche Unbeholfenheit mit Ihrem Partner zusammen zu bewältigen, geben Sie sie am besten von vornherein zu und einigen sich darauf, einander großzügig Spielraum zu gewähren, solange Sie beide Ihr Bestes tun, die neue Methode zu lernen. Für die anderen Hauptpersonen in Ihrem Leben empfehlen wir: Erleichtern Sie sich den Prozess, indem Sie ihnen mitteilen, dass Sie diesen Veränderungsprozess durchlaufen, und bitten Sie darum, Sie darin zu unterstützen.

Darüber hinaus ermutigen wir aber Sie und Ihren

Partner oder Ihre Partnerin, das eigentliche Ziel hinter dem Erlernen kommunikativer Fähigkeiten und der Nutzung der 16 Basics in diesem Buch stets im Auge zu behalten – *mit der Menschlichkeit des anderen in Kontakt zu kommen*. Das heißt:

- *Über Techniken und antrainierte Fertigkeiten hinauszugehen und festzustellen, wie ähnlich Sie sich als Menschen in all Ihren Bedürfnissen, Gefühlen, Hoffnungen und Ängsten sind, sowie in tiefer und befriedigender Weise miteinander in Kontakt treten zu können.*
- *Lernen, dass – in der Tiefe unter all den kleinlichen Meinungsverschiedenheiten und Ärgernissen des Lebens – Ihre schönste Hoffnung und Ihr größter Wunsch ist, einander zu stützen und zu lieben, mit all Ihrer Zärtlichkeit und Kraft.*
- *Festzustellen, was Sie und Ihr Partner – trotz all Ihrer oberflächlichen Fehler und Schwächen – in Wahrheit für wunderbare Menschen sind.*

Was Sie erreichen wollen, sind nicht mechanische Techniken oder technische Meisterschaft. Wenn Sie die in diesem Buch beschriebenen Fähigkeiten und Basics nutzen, ist das ein Weg, Ihre eigene, angeborene Fähigkeit wieder zu entdecken, sich als zwei liebende Menschen ganz auf Ihre gemeinsame Menschlichkeit einzulassen. Das ist das wahre Ziel einer idealen Partnerschaft.

Schlussüberlegungen

Eine ideale Partnerschaft ist eine dynamische Beziehung, die stets wächst, sich weiterentwickelt und in Vertrauen, Anteilnahme, Sensibilität und wichtigen Fähigkeiten wurzelt. Wir haben sechzehn wesentliche Basics präsentiert, die dazu beitragen, dass Sie aus Ihrer Ehe eine ideale Partnerschaft machen können. Wir wissen aus unserer eigenen, mehr als 25-jährigen Beziehung, wie außerordentlich lohnend das sein kann. Das gilt für uns und das kann auch für Sie und Ihren liebenden Partner oder Ihre liebende Partnerin gelten.

Zum Schluss möchten wir Sie an die wichtigsten Grundregeln erinnern:

- *Machen Sie einander das Geschenk der Empathie, Akzeptanz und Aufrichtigkeit – der drei Faktoren, die am meisten zum persönlichen Wachstum beitragen.*
- *Verpflichten Sie sich dazu, Lösungen zu finden, die den Bedürfnissen beider Partner gerecht werden.*
- *Übernehmen Sie die Verantwortung dafür, dass Ihre Bedürfnisse im Leben erfüllt werden und dass Sie sich als Mensch entwickeln.*
- *Geben Sie nach, entschuldigen Sie sich und verzeihen Sie, wenn es angemessen ist.*
- *Pflegen Sie die Romantik.*
- *Und zuletzt: Halten Sie die Herzensverbindung zu allen Zeiten stark.*

Die Umsetzung dieser Grundregeln erfordert Übung und Engagement. Nur selten werden sie in vollem Umfang von selbst in der Kindheit erlernt, und ganz gewiss ist ihre Beherrschung nicht automatisch im Trauschein inklusive enthalten. Die meisten Menschen müssen sich sehr anstrengen, die wenig hilfreichen Muster, die sie in die Beziehung mit ihrem Partner einbringen, zu erkennen und dann aufzulösen.

Wenn Sie die alten Muster entdecken, machen Sie sich keine Vorwürfe (das bringt nichts). Geben Sie sich vielmehr freundliche, aber echte Akzeptanz (das bringt etwas) und beobachten Sie einfach, wie das alte Muster in Aktion tritt (*»Das bin ich!«*). Dann gehen Sie zurück und machen reinen Tisch mit Ihrem Partner, unter Verwendung der neuen Grundlagen. Bei diesem Vorgehen werden Ihre unerwünschten Muster allmählich schwächer werden und verschwinden, wenn Sie sie durch das ersetzen, was Sie aus diesem Buch gelernt haben. Das kann ein schwieriger Prozess sein, der Sie manchmal zur Verzweiflung treibt, aber er bringt viele Belohnungen mit sich.

Am Ende ist das Aufbauen einer idealen Partnerschaft wie das Leben selbst. Es geht weniger darum, das Produkt am Ende zu genießen, als um den Prozess. Und der Prozess, mit dem man eine ideale Partnerschaft erreicht, besteht im Mitteilen, in der Intimität und der Freude. Es ist ein langer Weg, den Sie gemeinsam gehen, mit wunderbaren Schätzen, die überall am Wegesrand versteckt sind.

Wir sind zuversichtlich, dass die Erkenntnisse in diesem Buch für Ihre Beziehung von großem Nutzen sein werden, und wir wünschen Ihnen von Herzen, dass Sie in den Genuss einer langen und befriedigenden idealen Partnerschaft kommen.

Anmerkungen

1. Sollee, Diane, *Coalition for Marriage, Family & Couples Education*, 5310 Belt Rd., NW, Washington, D. C. 20015. [www.smartmarriages.com] – Diane Sollee ist Gründerin und Direktorin der *Coalition for Marriage, Family & Couples Education*.
2. Gottman, John M. und Silver, Nan, *Die 7 Geheimnisse der glücklichen Ehe*, München 2000, TB 2002.
3. Truax, C. B., »Effective ingredients in psychotherapy: an approach to unravelling the patient-therapist interaction« in: *Journal of Counseling Psychology* 10, 1963, S.256–263; Carkhuff und Berenson, Berenson und Carkhuff, Truax und Carkhuff, et al.
4. Schwartz, Pepper, University of Washington, Seattle, 2002. Aus www.smartmarriages.com
5. Gottman, John, *Why Marriages Succeed or Fail ... and How You Can Make Yours Last*, New York 1994, S.181.
6. Gibb, J. R., »Defense Level and Influence Potential in Small Groups« in: Petrullo, L. und Bass, B. M. (Hg.), *Leadership and Interpersonal Behavior*, New York 1961, S.66–81.

Literaturverzeichnis

Arp, David und Arp, Claudia, Bisher ging's doch ganz gut. So kommt neuer Schwung in Ihre Ehe, Gießen/Basel 1998.

Barnett, Doyle, 20 (Advanced) Communication Tips for Couples: A 90-Minute Investment in a Better Relationship, New York 1997.

Berenson, Bernard G. und Carkhuff, Robert R., *Sources of Gain in Counseling and Psychotherapy*, New York 1967.

Bloomfield, Harold H., Making Peace With Your Past: The Six Essential Steps to Enjoying a Great Future, New York 2000.

Bolton, Robert, People Skills: How to Assert Yourself, Listen to Others, and Resolve Conflicts, New York 1979.

Branden, Nathaniel, Taking Responsibility: Self-Reliance and the Accountable Life, New York 1996.

Canfield, Jack; Hansen, Mark Victor; Donnelly, Mary und Chrissy; De Angelis, Barbara, *Hühnersuppe für die Seele – für Partner*, München 2000.

Carlson, Richard und Kristine, Alles kein Problem in der Liebe: einige einfache Methoden, wie man seine Beziehungen verbessern und intensiver gestalten kann, indem man Angewohnheiten vermeidet, die der liebevollen Verbundenheit nicht zuträglich sind, München 2001.

Chapman, Gary, Die fünf Sprachen der Liebe. Wie Kommunikation in der Ehe gelingt. Marburg 1994.

Creighton, James L., How Loving Couples fight: 12 Essential Tools for Working Through the Hurt, Fairfield, CT, 1998.

Evans, Patricia, Worte, die wie Schläge sind. Verbale Misshandlung in Beziehungen, Reinbek 2000.

Farrell, Warren, Women Can't Hear What Men Don't Say: Destroying Myths, Creating Love, New York 1999.

Fisher, Roger und Ury, William, Das Harvard-Konzept: sachgerecht verhandeln – erfolgreich verhandeln, Frankfurt 1995.

Gibb, J. R., »Defense Level and Influence Potential in Small Groups« in: Petrullo, L. und Bass, B.M. (Hg.), *Leadership and Interpersonal Behavior*, New York 1961.
Godek, Gregory J., 399 romantische Augenblicke. Die besten Ideen für verträumte Stunden, Landsberg 2001.
Gordon, Thomas, Familienkonferenz – Die Lösung von Konflikten zwischen Eltern und Kind, München 1989.
– Manager-Konferenz, Effektives Führungstraining, München 1995.
Gottman, John M., Glücklich verheiratet? Warum Ehen gelingen oder scheitern, München 1995.
Gottman, John; Notarius, Cliff; Gonso, Jonni und Markman, Howard, *A Couple's Guide to Communication*, Champaign, IL, 1976.
Gottman, John und Silver, Nan, *Die 7 Geheimnisse der glücklichen Ehe*, München 2002.
Hendrix, Harville und Hunt, Helen, The Couples Companion: Meditations and Exercises for Getting the Love You Want, New York 1994.
Hendrix, Harville, Getting the Love You Want: A Guide for Couples, New York 1990.
Hopson, Derek S. und Powell Hopson, Darlene, Friends, Lovers and Soulmates: A Guide to Better Relationships Between Black Men and Women, New York 1994.
Howell, Patty und Jones, Ralph, *How to Have a World Class Marriage*, Encinitas, CA, 1999.
Jourard, Sidney M., *The Transparent Self*, Princeton, NJ, 1964.
McKay, Matthew; Fanning Patrick und Paleg, Kim, *Couple Skills: Making Your Relationship Work*, Oakland, CA, 1994.
Page, Susan, The 8 Essential Traits of Couples Who Thrive, New York 1994.
Roberts, Cokie und Steve, *From This Day Forward*, New York 2000.
Rogers, Carl R., *Der neue Mensch*, Stuttgart 1981.
– Die klientenzentrierte Gesprächspsychotherapie, Frankfurt, 2. Aufl. 1976.
– Entwicklung der Persönlichkeit. Psychotherapie aus der Sicht eines Therapeuten, Stuttgart 1976.

Schnarch, David, Passionate Marriage: Love, Sex and Intimacy in Emotionally Committed Relationships, New York 1998.

Wagner, Laurie; Rausser, Stephanie und Collier, David, *Living Happily Ever After: Couples Talk About Lasting Love*, San Francisco 1996.

Waite, Linda J. und Gallagher, Maggie, The Case for Marriage: Why Married People are Happier, Healthier, and Better Off Financially, New York 2000.

Wallerstein, Judith S. und Blakeslee, Sandra: *Gute Ehen. Wie und warum die Ehe bleibt*, München 1998.

Welwood, John, *Journey of the Heart*, New York 1996.

Wemhoff, Rich (Hg.), Marriage: The Best Resources to Help Yours Thrive, Seattle 1999.

Weitere Informationen

Patty Howell und Ralph Jones freuen sich über Anfragen zu Workshops und anderen Kommunikationsseminaren und -hilfen:

- 15-stündige Workshops für Paare.
- Train-the-Trainer Workshops für Psychologen, Eheberater und andere Menschen in helfenden Berufen, die daran interessiert sind, Workshops zu geben.
- TangoComm@aol.com: Kostenlose, schnelle On-line-Ratschläge zur Kommunikation über das Internet. Ein Partner oder alle beide schildern kurz ihr Problem und ihre unbefriedigenden Kommunikationsbemühungen (einschließlich Dialogen mit: er hat gesagt/sie hat gesagt) und schicken uns den Text als E-Mail, damit wir Ratschläge geben können.
- Andere Workshops und Ausbildungsprogramme für geschäftliche und gemeinnützige Organisationen, darunter: Management & Self Esteem, Practical Teambuilding, Job Search Skills, Health Promotion

Zusätzliche Informationen über dieses und andere Programme sind erhältlich auf unserer Website unter:

www.worldclassmarriage.com

Sie können uns auch an die Adresse unseres Büros schreiben:

Howell-Jones-Trainings
P.O. Box 235287
Encinitas, CA 92023
E-Mail: HJTrainings@aol.com

Ralph Jones ist einer der ältesten Schüler von Thomas Gordon, der durch Bücher wie »Familienkonferenz«, »Managerkonferenz«, »Lehrer-Schüler-Konferenz«, »Beziehungskonferenz« und andere Titel weltweit bekannt geworden ist. Zu diesen Themen gibt es Workshops und Seminare, die sogenannten *Gordon-Trainings*.

Vergleichbar dazu werden in Deutschland Seminare und Kurse für Paare entsprechend der hier vorgestellten *Konzeption von Howell & Jones* angeboten. Wenn Sie sich für die Seminare interessieren, wenden Sie sich bitte an folgende Adresse:

Akademie für personenzentrierte Psychologie GmbH
Dr. Karlpeter Breuer
Bonner Talweg 149
Tel. 02 28 – 22 58 67
Fax 02 28 – 22 02 04
EMail: Akademie.GmbH@t-online.de
www.worldclasscouples.com

Danksagung

Der vielleicht größte Pluspunkt unseres Berufslebens war, dass es uns Gelegenheit bot, Tausende von Menschen in Ländern rund um die Welt zu lehren, wie sie ihre Kommunikationsfähigkeit steigern können. Aus unserer umfangreichen Erfahrung auf vier Kontinenten haben wir unzählige Erkenntnisse über unsere Mitmenschen gewonnen. Die wichtigste ist die Gewissheit, dass die Ähnlichkeit unserer Bedürfnisse größer ist als die Unterschiede, die uns trennen. Die Herzlichkeit vieler Menschen hat uns die Seele gewärmt, und ihre Bereitschaft, sich zu öffnen, hat uns dazulernen lassen. Die dabei gewonnenen Erfahrungen bereichern dieses Buch. Wir danken Thomas Gordon und seinen *Effectiveness Training Programs* (dt. *Familienkonferenz*, *Lehrer-Schüler-Konferenz*, *Managerkonferenz* etc.) für diese einzigartige Chance.

Gelernt haben wir auch aus vielen persönlichen Wachstumserfahrungen – beruflicher Aus-und Weiterbildung und einem breit gefächerten Spektrum von Seminaren sowie einer mehrjährigen Therapie bei einem hervorragenden Fachmann, David Grossman. David hat uns geholfen, viele störende Knoten in unser beider Persönlichkeit zu lösen, was unsere Beziehung an zahlreichen Stellen enorm befreit hat. Sein Lieblingsspruch lautete: »Keine Investition ist so lohnend wie die in euch selbst«, und tatsächlich ernten wir täglich die Früchte dieser Investition.

Viele Erkenntnisse verdanken wir auch den Paaren, mit denen wir in Workshops und in unserer Praxis gearbeitet haben, und ebenso solchen, die großzügig auf unsere Umfragen über Partnerbeziehungen geantwortet haben. Wir sind dankbar für den Reichtum, den dieses Buch durch ihre Auskünfte dazugewonnen hat.

Ganz besonders danken wir schließlich noch Eva Koralnik von der Agentur Liepman, unserer verehrten und sehr geschätzten Literaturagentin.

Patty Howell und Ralph Jones

In allen deutschsprachigen Ländern können Sie die in diesem Buch beschriebenen Einstellungen, Erkenntnisse und Kommunikationsfertigkeiten für eine gelingende und von gegenseitigem Vertrauen getragene Partnerschaft vertiefen durch

- den Besuch des Workshops *World Class Couples*
- die Weiterbildung zum (zur) Trainer(in)

Exklusiver Veranstalter des Workshops *World Class Couples* in Deutschland Österreich und der Schweiz ist:

AKADEMIE® für personzentrierte Psychologie GmbH

World Class Couples

Anfragen an:
Dr. Karlpeter Breuer

Bundesgeschäftstelle der Akademie
Bonner Talweg 149
D-53129 Bonn

Tel.: +49 (0)228 225867
Fax: +49 (0)228 220204
e-Mail: akademie.gmbh@t-online.de
www.worldclasscouples.com